JN080003

小学校・中学校 新学習指導要領対応

児童・生徒の心に響く!

改訂版

行動科学を生かした
保健の授業づくり

戸部 秀之・齋藤 久美 共著

CD-ROM
付き

少年写真新聞社

はじめに

　児童生徒の健康の保持増進や望ましい発育発達を促進するには、健康的な生活行動を形成することが極めて大切です。学校における健康教育はそのための重要な役割を果たしています。

　学校における健康教育において特に重要な位置づけにあるのは、「保健の授業」です。体育や保健体育の教科として行われる「保健」のほかに、特別活動でも健康や安全の授業が行われます。保健の授業に携わる先生方は、授業を通して児童生徒が知識や技能、健康への望ましい態度を身につけ、結果として児童生徒が「よりよく変わっていく」ことを期待して授業づくりをされていることでしょう。しかし、時折「授業で学んだことがなかなか実践に結びつかない」という悩みの声も聞こえてきます。

　さて、健康に関わる行動科学の分野は大きく進歩しています。子どもの健康行動の形成にも有効に活用できる考え方やテクニックがたくさん見られます。そこで、平成23年に行動科学の考え方やテクニックを生かした授業づくりのエッセンスを保健教育に携わる先生方に紹介するために、『行動科学を生かした保健の授業づくり』を出版しました。多くの先生方に活用していただき、好評をいただいています。今回、新たな情報を加え、内容を充実させて改訂版を発行することになりました。「行動科学の考え方」にはなじみが薄い方にも、「なるほど」と理解していただけるようにわかりやすく解説しています。

　前半の「行動変容を引き出すアプローチ」では内容を充実させ、授業づくりに活用できる 11の行動科学の考え方やテクニックを紹介しました。後半の「実践編」では、平成29年告示の新しい学習指導要領の内容を踏まえた授業づくりを含め、実践例を新たに掲載しました。養護教諭による授業づくりの参考になるように、単元や内容を選択しています。ワークシートなども、すぐに利用できるようにCD-ROMに収めました。また、新しい学習指導要領や学習指導要領解説の押さえどころについても、新たに説明を加えています。

　保健の授業づくりの経験が豊かな読者には、行動科学の考え方を取り入れることで、さらなる授業力アップの機会にしていただければと思います。これから保健の授業に力を入れようとしている方には、「これならできそう」と感じていただければ、私たちにとって大きな喜びです。姉妹書の『行動科学を生かした集団・個別の保健指導』とともに、子どもが変わる健康教育の一助になればと願っています。

戸部　秀之

埼玉大学教授の戸部　秀之（とべ　ひでゆき）です。
前半の「行動変容を引き出すポイント」と「実践編」の一部を執筆しています。

筑波大学附属小学校で養護教諭をしております
齋藤　久美（さいとう　くみ）です。
「実践編」を執筆しています。

目次

行動変容を引き出すアプローチ

実践編

本書の特長と使い方

本書は、「行動変容を引き出すアプローチ」と「実践編」の2つに分かれています。

保健教育においては、子どもたちがただ内容を理解するだけではなく、健康的な行動を身につけ、習慣として継続していくことが大切です。

前半の「行動変容を引き出すアプローチ」では、行動変容を引き出して習慣化するための11つのアプローチを、最新の行動科学をもとに保健教育で生かす方法を解説しています。

「行動変容を引き出すアプローチ」17～52ページ

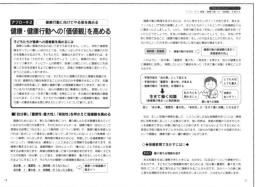

後半の「実践編」では、前半で紹介した「行動変容を引き出すアプローチ」を生かした保健の授業例を紹介しています。

新学習指導要領に基づいた単元の内容、指導のねらい、授業の流れ、指導案、資料・ワークシートの順に紹介し、一部の資料とワークシートは付属のCD-ROMにも入っています。

「実践編」53～172ページ

単元の内容、ねらい

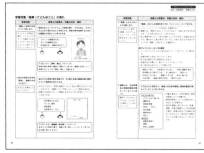

授業の流れ

指導案

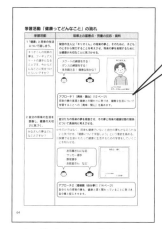

行動変容を引き出す
アプローチの活用

アプローチ1 ［興味・関心］（12 ページ）
将来の夢の実現と健康との関わりに気づき、健康な生活について
学習することへの「興味・関心」を高めます。

　指導の流れの中に、アプローチとの
関連を盛り込んでいます。その中で、
前半で紹介した「行動変容を引き出す
アプローチ」を指導の中でどのように
活用しているかを解説しています。

　今まで行ってきた保健の授業が本当に子どもに身についているの
か気になる、どうすれば子どもの行動変容につながるのか知りたい
先生は、まず前半を読み、応用していくとよいでしょう。

　行動変容につながる実践をすぐに行いたい、まずは実践を知り
たいと考えている先生は、「実践編」からご覧いただき、実践を行っ
てみるもよし、実践の流れの中にある「アプローチ」から前半の「行
動変容を引き出すアプローチ」へと戻ってみるのもよいでしょう。

新学習指導要領について

　巻末（173 ～ 180 ページ）に、
新学習指導要領（平成 29 年告示）
について、Q＆A形式で解説してい
ます。

■ＣＤ－ＲＯＭの使い方

38・39ページに掲載されているシートと「実践編」に掲載されているワークシートや資料をＰ
ＤＦデータでＣＤ－ＲＯＭに収めています。

●動作環境は以下の通りです
・ＣＤ－ＲＯＭドライブ必須
・あらかじめパソコンに Adobe Reader（無料）などがインストールされている必要があります。

●ＣＤ－ＲＯＭは以下のフォルダ、ファイルで構成されています。フォルダ名の最初の数字は実
　践の番号を示しています（1_oyatsu →実践①の「おやつアンケート」とワークシートを収録）。

- 00_monitoring
- 01_oyatsu
- 02_kenkou
- 03_challenge
- 04_hatsuiku
- 05_kega
- 06_seikatsu_s
- 07_byouki
- 08_kokoro
- 09_saigai
- 10_kusuri
- 11_seikatsu_t
- read_me.pdf

●フォルダをクリックすると、実践編の「ワークシート・掲示資料（ＣＤ－ＲＯＭ収録）」に掲載
　されているワークシートや資料のＰＤＦファイルと、内容が書き換えられるファイル（Word の
　ファイル）が収録されています。
　※ Windows の場合は Word2013 以降、Mac の場合は Word2016 for Mac 以降。
　※ 134 ページのグラフはＰＤＦファイルのみ収録しています。

●ファイル名は 38・39 ページや、①～⑪の実践の「ワークシート・掲示資料（ＣＤ－ＲＯＭ収録）」
　に掲載されているファイル名に対応しています。

●ＰＤＦファイルを使用することを推奨しますが、書き換えたい部分がある場合は、書き換えら
　れる形式のファイルをご利用ください。

● Word のファイルは、小学生向けのものはルビが入っています。なお、使用するＯＳやアプリケー
　ションのバージョンによって、レイアウトが崩れることがあります。文字や枠の大きさなどを
　調整してご利用ください。

Windows、Word は Microsoft Corporation の米国その他の国における登録商標または商標です。
Mac は米国やその他の国で登録された Apple Inc. の商標または登録商標です。
Adobe Reader は、Adobe Systems Incorpated（アドビシステムズ社）の米国ならびにその他の国における商標または登録商標です。

行動変容を引き出す
アプローチ

まずは全体構造をみてみよう

　人々が、それまでの行動パターンをより望ましい行動に変えていくことを「行動変容」と言います。健康分野では、健康にプラスとなる行動（運動習慣、バランスのとれた食事摂取、病気の予防のための行動など）を身につけていくプロセスや、健康にマイナスとなる行動（夜更かしなどの睡眠習慣、暴飲暴食、病気や事故の原因となる行動など）をやめていくプロセスなどです。

　最近の行動科学では、行動変容のプロセスを、単に「行動しない」から「行動する」への変容という一面的な見方ではなく、まずは、「心の中の内面的な変容」を引き起こし、行動に向けての決意と準備を行い、そして、行動の実践・継続のための多様なテクニックを用いながら、行動の変容と継続を図るといった一連の流れとして捉えるようになってきました。

　児童生徒が健康行動をよりよく身につけ、行動変容するための行動科学のテクニックを「アプローチ」として紹介します。順番通りにアプローチを進めなければならないものではありません。授業のねらいや児童生徒の実態に合わせて個別に活用することも、組み合わせて活用することもできます。

■健康行動の「意欲」を高め、「継続・定着」するためには

　本書で紹介する行動変容を引き出すアプローチを、「ねらい」から大きく分けると、主に「健康行動に向けてやる気を高める」5つのアプローチと、主に「実践を開始し、定着を図る」6つのアプローチがあります（両方に関わるものもあります）。

　子どもたちに健康の価値や健康行動を行う意義を理解させ、「しっかり実践しよう」という意欲を高めたいときには「健康行動に向けてやる気を高める」アプローチ（9ページ参照）を中心に活用することができます。理解や意欲はあるけれどなかなか実践できない場合には、「実践を開始し、定着を図る」アプローチ（10ページ参照）を取り入れるとよいでしょう。

◇◆ 「健康行動に向けてやる気を高める」５つのアプローチ◆◇

アプローチ1	題材への興味・関心を高める ［興味・関心］
12～13 ページ	生き生きとした授業にするには、単元の始まりや毎回の授業の冒頭で、いかに児童生徒の心を引きつけられるかがポイントとなります。いかに児童生徒を学びに導くか、保健授業の導入について紹介します。

アプローチ2	健康・健康行動への「価値観」を高める ［価値観（自分事、重要性・重大性、有効性）］
14～17 ページ	自らの健康生活に積極的に活用し、実践したいという意欲を伴った「生きて働く知識」を育むことが、その後の行動実践の基盤になります。健康や健康行動への価値観を高めるポイントを紹介します。

アプローチ3	「ステージ」に応じた働きかけを行う ［ステージ］
18～20 ページ	「ステージ」に応じた働きかけをすることによって、行動変容を良好に進めることができます。行動変容ステージとはどのようなものかについて紹介します。やる気を高めるだけではなく、健康行動の習慣化までを見通した働きかけのポイントを紹介します。

アプローチ4	行動変容への自己効力感（できる感）を高める ［自己効力感］
22～26 ページ	自己効力感を持っている人は、行動に前向きで、より努力をし、失敗や困難に直面しても諦めにくい傾向があります。子どもたちの健康行動への自己効力感をどのように高めるか、授業に取り入れる方法を紹介します。

アプローチ5	健康行動への「決意」を引き出す ［決意］
28～30 ページ	行動変容しようとする人にとって、不安感や負担感がブレーキになることがあります。「決意」は、こうした負担感を吹き飛ばし、行動実践へのエネルギーを生み出します。授業にどのように取り入れることができるかを紹介します。

◇◆「実践を開始し、定着を図る」6つのアプローチ◆◇

アプローチ6	「社会的サポート」を充実する ［サポート］
32 ～ 34 ページ	健康行動を継続し、習慣化していく際に重要な役割を持つのが周囲の人々からの「社会的サポート」です。社会的サポートを取り入れた授業づくりや、子ども自身がサポートを上手に活用する力を育成する視点を紹介します。

アプローチ7	「モニタリング」して問題を解決する ［モニタリング］
36 ～ 39 ページ	行動変容を促進する有効なテクニックである「セルフモニタリング」を紹介します。セルフモニタリングは、行動の習慣化に有効であるばかりではなく、子どもの問題解決能力を高める練習と実践の場にもなります。

アプローチ8	問題解決に取り組む ［問題解決］
40 ～ 41 ページ	様々な課題に取り組むとき、難しい問題や障害があることもしばしばです。問題解決に前向きに取り組むためには、効果的な考え方を知り、身につけることが大切です。問題解決のプロセスを紹介し、保健の授業への生かし方を紹介します。

アプローチ9	「行動しやすい環境と刺激」を整える ［環境と刺激］
42 ～ 44 ページ	行動を変えようとするとき、その人の身の回りには、行動に影響を及ぼすさまざまな環境、刺激、きっかけが存在します。行動変容が良好に進むよう、環境や刺激を上手にコントロールする方法を紹介し、授業への活用を考えます。

アプローチ10	行動実践を「強化」する ［強化］
46 ～ 48 ページ	称賛や褒美を与えるなどして、行動の起こり方を高めたり、抑制したりする方法を「強化」といいます。教育活動では、子どもを褒めて意欲を引き出す努力が日常的に行われています。授業で強化を活用する方法を紹介します。

アプローチ11	「上手な振り返り」で意欲を高める ［振り返り］
50 ～ 51 ページ	子どもたちは学校や家庭で成功したり、失敗したりを繰り返しながら生活していますが、その原因をどのように振り返るかが意欲や行動に大きく影響します。やる気と行動の継続につながる振り返り方を紹介し、授業への生かし方を考えます。

―健康行動の科学 まめ知識―

書籍『行動科学を生かした 集団・個別の保健指導』との関連

本書の関連書籍として、右記の『行動科学を生かした集団・個別の保健指導』（以下『集団・個別の保健指導』）があります。

本書では、児童生徒の行動変容を促す方法として、11のアプローチを紹介していますが、『集団・個別の保健指導』では、行動変容を促す方法として、「バルーン図」、「PDCAサイクル図」、「太陽図」の3つの図を挙げて、その詳細を掲載しています。

本書で紹介する11のアプローチと『集団・個別の保健指導』の内容との関連を下に記載しましたので、参考にしてください。

B5判／184ページ／モノクロ／ソフトカバー
CD-ROM付／定価（本体2,000円＋税）

本書で紹介する「11のアプローチ」		「集団・個別の保健指導」との関連
アプローチ1	題材への「興味・関心」を高める	バルーン図「理想の自己像」「自尊感情」
アプローチ2	健康・健康行動への「価値観」を高める	バルーン図「生きて働く知識」
アプローチ3	「ステージ」に応じた働きかけを行う	バルーン図からPDCAサイクル図全体に関連
アプローチ4	行動変容への「自己効力感（できる感）」を高める	バルーン図からPDCAサイクル図全体に関連（特に、バルーン図「自己効力感（自信）」）
アプローチ5	健康行動への「決意」を引き出す	意思決定・コミットメント
アプローチ6	「社会的サポート」を充実する	PDCAサイクル図「サポートの活用」
アプローチ7	「モニタリング」して問題を解決する	PDCAサイクル図「セルフモニタリング」
アプローチ8	問題解決に取り組む	PDCAサイクル図「問題解決」
アプローチ9	「行動しやすい環境と刺激」を整える	PDCAサイクル図「環境と刺激のコントロール」
アプローチ10	行動実践を「強化」する	PDCAサイクル図「強化・自己強化」
アプローチ11	「上手な振り返り」で意欲を高める	PDCAサイクル図「上手な振り返り」

アプローチ1 　健康行動に向けてやる気を高める

題材への興味・関心を高める

> ### 児童生徒の心に響く保健授業の導入
>
> 　単元や毎回の授業は導入から始まります。児童生徒が身を乗り出し、主体的に授業に参加するような生き生きとした授業にするには、単元の始まりや毎回の授業の冒頭でいかに児童生徒の心を引きつけられるかがポイントとなります。アプローチ1は、いかに児童生徒を学びに導くか、保健授業の導入について紹介します。ここでは二つの視点から考えましょう。
>
> 　一つ目は、内容のまとまりである単元のスタートで押さえたいポイントです。保健を学ぶ意義を児童生徒にしっかり伝えていくことについてです。
>
> 　二つ目は、毎回の授業の導入です。児童生徒の心に響き、「知りたい」「調べたい」「やってみたい」という意欲を引き出す導入のポイントについてです。

■保健教育の強み

　児童生徒にとって、これから学ぼうとしている学習内容が自分たちにとって重要なことであって、なりたい自分や夢の実現に向けてきっとプラスになるという見通しが持てることが大切です。「なぜこのことを学ぶのか」が明快で、かつ児童生徒にとって大切なことであるほど、学習への意欲は高まります。

　子どもたちが自分の夢をかなえ、なりたい自分に近づくためには、しっかりと発育発達し、健やかな心と体を形成することが大変重要であることは、子どもたちにとってもわかりやすく、揺るぎないことです。先生からも児童生徒に向けてわかりやすくメッセージを伝えることができるでしょう。

　子どもたちの「夢・なりたい自分」が"花として咲く"木をイメージしてみましょう。「健康な子どもたち」自身が夢の咲く"木"です。たくさんの花が咲くには、強くてしっかりとした木に育てることが必要です。『夢の花が咲く健康な木を育てよう』というスローガンを掲げたとしましょう。木は、根からたくさんの栄養を取り入れて大きくなります。保健教育で学ぶ内容は、どれも栄養となって健康の"木"を育て、子どもたちの将来へとつながります（13ページ図1）。

　保健教育の、どの単元、どの学習内容も、健康の木をしっかりさせるための大切な学びであることは揺るぎません。子どもたちにとってもその価値観は容易に理解できるものです。この点は保健教育の大きな強みです。

◇◆保健教育で生かすには◆◇

その1 保健の強みを生かして単元をスタートする

保健教育の強みを生かして、単元などの導入を行います。図1に、"健康の木"の栄養として小学校の保健の学習5単元を配置してみました。小学校体育の保健は、各単元について数時間の配当になっており、限られた時間数を十分に生かして保健に関する資質・能力を高めていく必要があります。

その際、各単元のスタートで、毎回この図式に立ち返り、既習事項を振り返るとともに、新たな学習も「夢の花が咲く健康な木を育てよう」のスローガンをもとにスタートすることができます。学習の意義を確認し、既習事項を振り返りながら学習を進めることで、「なぜ保健を学ぶのか」が子どもたちの心にしっかり根づくことが期待できます。子どもたちの「大切なことを学ぶ」という気持ちを十分に高めて学習をスタートしましょう。

図1　健康の"木"と保健の学習

その2 毎回の授業の導入で児童生徒の興味・関心を高める

続いて、毎回の授業の導入についてです。授業づくりでは、まず、導入で児童生徒をいかに引きつけるかがポイントになります。導入の機能として学習の見通しを持たせたり、既習内容を思い出させたりすることが挙げられますが、さらに児童生徒の興味・関心を高めるために、次のような工夫が考えられます。児童生徒の視点から例を挙げてみましょう。

- ・学習内容が「ためになりそう」「大切なことを学ぶ」と思える
- ・考えや価値観が揺さぶられ、疑問が湧いたり、驚きを覚えたりする
- ・視覚を通して興味が湧く（実物や写真など）
- ・日常生活とつながることが理解できる
- ・クイズやゲームなどの活動を通して好奇心が湧く

ただし、これらも学習のねらいに向けた道標だったり、思考を促すための布石になっていたりすることが大切です。児童生徒の興味・関心を引き出し、生き生きと学習をスタートさせましょう。

健康・健康行動への「価値観」を高める

子どもたちが健康への価値観を高めるには

　健康には高い価値があるのはいうまでもありません。しかし、学校で健康教育を行っていく難しい点のひとつは、元気いっぱいの子どもたちに健康の大切さを理解させる点です。子どもたちに「健康は大切ですか」と質問すれば、多くの子どもは「大切です」と答えるでしょう。しかし、健康のために、好きなスナック菓子や、テレビゲームの時間や、夜遅くの見たいテレビ番組などを我慢して生活を改善するように働きかけると、途端に消極的な態度に変わってしまうことは珍しくありません。

　保健の授業の役割のひとつは、子どもたちに健康の大切さと価値を認識させ、「なぜ」健康的な行動を実践することが大切なのかを理解させることです。知識の習得や活用を通して、健康と健康行動への価値観を高めていきます。単に知っているだけの知識ではなく、自らの健康生活に積極的に活用し、実践したいという意欲を伴った「生きて働く知識」を育むことが、その後の行動実践の基盤になります。ここでは、子どもたちの健康と健康行動への価値観を高め、健康行動への意欲を高める際に押さえたいポイントについて紹介します。

■「自分事」、「重要性・重大性」、「有効性」を押さえて価値観を高める

　健康のためとはいえ、新たな行動を身につけ、慣れ親しんだ生活習慣を変えていくにはかなりの努力が必要です。そのためのエネルギーは、健康行動が「自分にとって価値ある結果につながる」という期待感（27ページ参照）や、健康行動を実践しなければ「自分にとって望まない結果になってしまうかもしれない」という危機感（21ページ参照）から生じます。期待感が高まるためには、学習している健康課題が「自分にとって」「価値のある（重要な）」ことであることを理解する必要があります。危機感が高まるためには、健康問題が「自分にとって」「重大な」ことであることを理解する必要があります。保健の授業を通して様々な知識を学びますが、同時に子どもたちが知識を「自分事」として捉え、学習内容の重要性・重大性をしっかりと感じられるようにすることで、子どもたちの健康への価値観を高めることができます。

<u>自分事　＋　重要性</u>　⇒　期待感（そうなりたい）　　　健康への価値観の
<u>自分事　＋　重大性</u>　⇒　危機感（そうなったら困る）　　　高まりへ

　健康行動の実践を促すためには、さらに押さえたいポイントがあります。例えば、インフルエンザ予防の指導によって、子どもたちのインフルエンザへの危機感は十分に高まったとしましょう。しかし、予防行動である「手洗い」の効果に疑念を持っていたらどうでしょうか。手洗いの実践にはつながらないでしょう。もし、手洗いが予防に有効であること（健康行動の有効性）をしっかり伝えることができたなら、子どもたちにとっての手洗いの価値や手洗いに取り組む意欲が高まります。

期待感・危機感　＋　健康行動の有効性　⇨　健康行動の価値観の高まり　実践意欲の向上

　このように、「自分事」、「重要性・重大性」、「有効性」を押さえ、自らの健康生活に積極的に活用し、実践したいという意欲を伴った「生きて働く知識」を育むことが大切です。

・学習内容を「自分事」として捉える
・学習内容の「重要性・重大性」が高まる
・健康行動の「有効性」を理解する

⬇

生きて働く知識
（価値観の高まりと実践意欲）

とても大切
とても重大

私たちにも関わること

効果がありそう！

腑に落ちる理解

図2　「自分事」、「重要性・重大性」、「有効性」が「生きて働く知識」になるまで

　なお、正しい知識や情報を通して、リスクに対し正当な危機感を持つことは「感情的に恐怖を感じること」とは異なります。強い恐怖は、現実の問題から目をそらせ、人を身動きできない状態に陥れることがあります。そうならないようにするためにも、有効な予防行動を示すことが大切になります。「自分の行動次第で十分回避できる」という認識は、健康行動への一層の意欲につながります。

◇◆保健教育で生かすには◇◆

その1　腑に落ちる理解を促す

　ある知識を本当に理解できたときには、心の中に「なるほど！」という感覚が生じるものです。子どもたちの価値観を育てるためには、「自分事」「重要性・重大性」「有効性」について、腑に落ちるように理解させることが大切です。次のページの表に腑に落ちる理解を引き出すための工夫例を示しましたので、これをもとに説明します。

```
Ａ：言葉で強調する。なるほどと思える説明をする。
Ｂ：目で確認できるように（「見える化」を）する。
Ｃ：体験を通して感じ取れるようにする。
Ｄ：他者との対話（ディスカッション、ブレインストーミングなど）をする。
Ｅ：身近な事例を用いる（保健室は事例の宝庫です）。
Ｆ：自分たちのデータを用いる。
Ｇ：子どもたちの持つ価値観と関連づける など
```

表　腑に落ちる理解を促すための指導例

　まず、言葉でしっかりと強調することは大変重要です（Ａ）。「みんなにも関わることです」（自分事）、「とても重要なことです」（重要性）、「とても有効です」（有効性）のように伝えて、ポイントを意識しながら強調するとよいでしょう。見える化（Ｂ）や体験（Ｃ）、対話（Ｄ）は理解を促すための有効な指導法です。

　事例やデータを加えながらの説明も理解を促します。保健室の事例を活用することは有効です（Ｅ）。もちろん個人情報には配慮が必要ですが、自分たちの学校で起こった事例は、まさに自分事であり、重要性・重大性も高まります。健康行動によって問題が改善した事例を通して、健康行動の有効性を示すこともできます。自分たちのアンケートや健康情報のデータを活用することも有効です（Ｆ）。

　子どもたちが既に持っている価値観と結びつけてもよいでしょう（Ｇ）。自分たちの大切にしていることの土台に「健康」があることを知ることによって、健康や健康行動の価値が「ストン」と心の中に落ちるかもしれません。この視点を取り入れた授業づくりの例を、後述の実践編⑥（107～120ページ）で取り上げています。

その2　「行動のプラス面」と「ハードル（障害）」を対比して、健康行動への価値観を高める

　なかなか健康行動を実践できない人の中には、健康行動をすることのプラス面（重要性や有効性）を感じながら、同時に難しい側面（ハードル・障害：行動の負担感や現実的な障害など）も感じ、立ち止まってしまっている人がいます。そのような場合には、行動のプラス面とハードルを客観的に対比し、健康行動を実践する意義を確認することで、意思決定を促すことができます。行動科学では「意思決定バランス」といい、行動変容への価値観を高めるための有効な方法です。

　この方法の目的は、行動するプラス面をなるべく多く認識し、行動することの価値観と意欲を高めることです。授業で活用する際には、ブレインストーミングなどでプラス面を意図的に多く引き出します。健康行動をすることで「自分たちにどのようなよいことがあるのか」をたくさん出させ、自分事や重要性の視点を広げてい

きます。重大な問題を避けることができることにも目を向けさせます。友達の発言を聞いて、意識していなかった多様な価値があることに気づくようにして、価値観のすそ野を広げていきます。一方、ハードル（障害）は問題解決のターゲットになります。有効な解決方法を話し合いながらハードルを少なくしていきます。

　このような学習活動を通して、「たくさんの価値あるプラス面」vs「克服可能なハードル」という対比になることで、健康や健康行動への価値観が高まります（図3）。

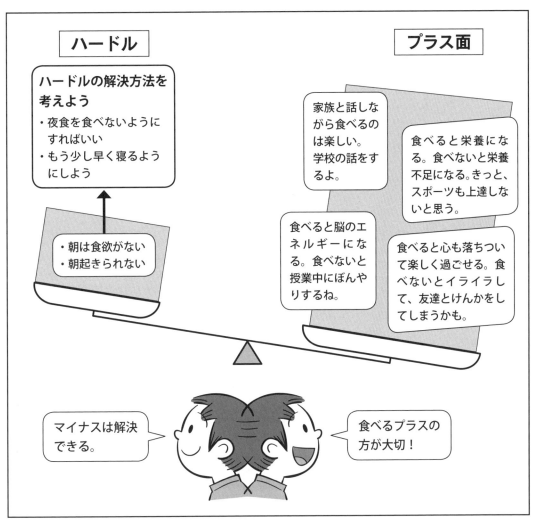

図3　朝食を食べるプラス面とハードルの対比

アプローチ3 健康行動に向けてやる気を高める

「ステージ」に応じた働きかけを行う

> ### 「ステージ」を捉えて働きかける —行動変容ステージ理論—
>
> 　人の健康行動がどのように形成されていくのかについて、行動科学の分野で様々な理論が存在しますが、その一つがJ.O.プロチャスカとC.C.ディクレメンテらによって考案された「行動変容ステージモデル」です。この理論は、健康行動を行っていない人が、行動への意欲を持ち、行動を開始し、習慣化していく間に、いくつかのステージを経ることを示しています。また、ステージに応じた働きかけをすることによって、行動変容が良好に進むといわれています。保健教育や生活指導をするうえで、たくさんの学ぶべきところがあります。この理論の考え方を解説しながら、授業づくりにどのように活用できるかについて考えます。

■行動変容は一定の「変容ステージ」を経て進行する

　この理論によると、人が健康によい行動を身につけたり、健康のマイナスとなる行動をやめたりする行動変容は、「無関心期」、「関心期」、「準備期」、「行動期」、「維持期」という5つの変容ステージを経て進行します。無関心期から維持期に向かって一歩一歩着実に進んでいくとは限らず、むしろ進んだり戻ったりしながら進むのが一般的です。

　運動習慣の形成に当てはめたのが、図4です。

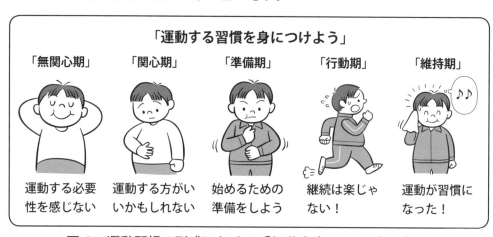

図4　運動習慣の形成における「行動変容ステージモデル」

■「変容ステージ」に応じた有効な働きかけ

　この理論の優れた特徴は、よりよく次のステージに進むためにはステージに合った働きかけを行う必要があることを示している点です。では、ステージに合った働きかけとはどのようなものでしょうか。

　無関心期や関心期の人は、知識が十分ではないために自分自身の問題として捉えることができなかったり、健康行動の必要性を十分に理解しておらず先延ばしにしたりしています。行動変容に不安や負担を感じて目を背けている場合もあります。これらのステージの人に、単に「行動すること」を促してもおそらく行動変容にはつながらないでしょう。これらの人には「なぜ自分が行動変容する必要があるのか」を真剣に考え、理解し、行動変容への動機づけを確かなものにしてもらう必要があります。そのため、これらのステージの人への働きかけは、知識や考え方、感情の深まりなど、心の中に働きかけ、動機づけを高めることが中心になります。この理論は、次のような心の変容を引き出すことが重要であるとしています。

　〇自身の健康問題に関する知識が増え、関心が高まる【意識の高揚】。
　〇健康の重要性や健康へのリスクを知り、感情の変化を経験する【情動的喚起】。
　〇自分自身にとって、行動変容することのメリットやデメリットについて深く考え、デメリットよりもメリットを高く評価するようになる【自己の再評価】。
　〇周囲の人々との関わりの中で、自分の行動がどのような意味を持つのかを深く考え、自覚する【環境の再評価】。

　本書のアプローチ1、アプローチ2、及び、アプローチ4は、このような心の変容を引き出し、動機づけを高めるアプローチということができます。

　準備期の人は「行動を始めよう」と思い、実行に取りかかろうとしています。行動変容への動機づけは十分に高く、行動の開始を促すステージです。行動期の人も動機づけは高く、行動を進めていますが、期間はまだ浅く（大人では6か月以内といわれます）、意欲と行動を継続するにはかなりの努力が必要な時期です。これらのステージでは、本人が次のような行動的な方法を活用するよう働きかけます。

　〇行動変容に向けて決意（意思決定）し、一歩を踏み出す【コミットメント】。
　〇行動を起こすきっかけ（環境や刺激）を増やし、行動を起こしにくくするきっかけを減らす【環境・刺激コントロール】。
　〇周囲の人々からサポートをしてもらう【援助関係の利用】。
　〇褒めてもらったり、自分に褒美をあげたりして行動の継続を図る【強化マネジメント】。

　本書のアプローチ5からアプローチ11は、行動の開始と継続を支援するアプローチということができます。

◇◆保健教育に生かすには◆◇

　行動変容ステージモデルは、基本的に個人を対象とした支援を想定していますが、授業づくりにおいても考え方を生かすことができます。まず、児童生徒のステージを把握します。下記を参考にしてください（○○には健康行動が入ります）。

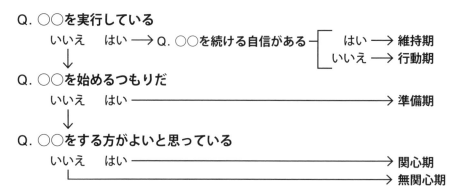

「無関心期」や「関心期」が多いのか、「準備期」以降のステージが多いのかを把握しましょう。授業づくりの重点が見えてくるでしょう。

「無関心期」や「関心期」が多ければ、健康行動への動機づけを高めるための学習活動に重点を置く必要があります。知識をしっかり習得したうえで、健康行動によって自分たちがよりよくなる見通しを持たせたり、不健康な行動によって自分たちに問題が起こる可能性に気づかせたりするための学習活動に十分な時間を使います。

「準備期」から「維持期」が多い場合は、知識をしっかり習得したうえで、よりよい健康行動の仕方に授業の重点を置くことができます。学んだ知識を活用して、より有効な行動の仕方や継続するための方法を話し合ったり、問題解決に結びつけたりして授業を展開することができるでしょう。

「無関心期」から「維持期」まで広く分布している場合は、授業の前半は知識と動機づけを高める学習に重点を置き、「無関心期」や「関心期」を次のステージに進める学習にする必要があります。「準備期」の児童生徒も行動変容への動機づけがより強固になるようにします。この時、「行動期」や「維持期」の児童生徒がよいモデルになって授業をリードしてくれるのが望ましいでしょう。ただ、「行動期」や「維持期」であっても行動が知識と結びついているとは限らないので、自らの行動がどのような意義があるのか改めて確認できるようにします。授業の後半は、行動化に向けて、どのように実行に移すことができるのか、自分に合ったやり方を検討し目標を立てることもできます。無関心期や関心期の児童生徒が「できそうな一歩となる行動」を見つけられたなら、また、準備期以降の児童生徒が「継続性のある効果的な行動」を考えられたなら、それぞれ大きな進歩といえるでしょう。

　このように、ステージを捉えて、限られた授業時間を有効に活用しましょう。

―健康行動の科学 まめ知識―

「そうなったら困る」
－危機感に着目した考え方「健康信念モデル」―

　健康信念モデルは、ローゼンストックやベッカーらが考案してきた理論です。この理論は、人が健康行動を実践するようになるには、「そうなったら困る」と感じる（危機感）ことが大切であることを示しています。また、人が危機感を感じるためには、「自分もそうなる可能性があり」、かつ、「その結果は重大である」と感じることが必要であると述べています。

　加えて健康信念モデルは、「健康行動の有益性」を高く認識するほど、また、「行動のハードル（障害）」（時間がかかる、つらさなど）を低く認識するほど、健康行動を実践する可能性が高まることを示しています（図5）。

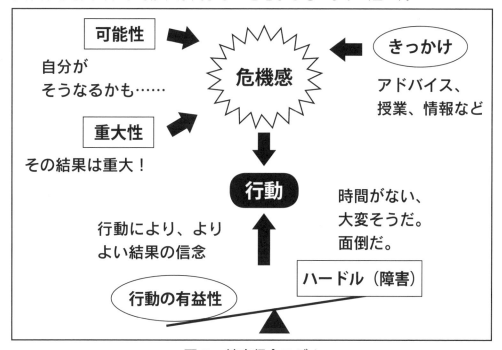

図5　健康信念モデル

　この理論は、子どもに、ある健康問題を「自分のこととして捉えることができるようにする」、「健康問題の重大性を伝える」、「健康行動の有益性を伝える」、「行動の障害を低減する」ことなどが、健康行動の実践を有効に促進させることを教えてくれます。保健の授業づくりに大いに参考になる視点といえます。

アプローチ4 　　　健康行動に向けてやる気を高める

行動変容への自己効力感（できる感）を高める

行動を変える自信の力

　生活の中で、「もっと○○する方がよい」と十分に理解していながら、なかなか積極的になれないという経験を持つ人は少なくないと思います。

　ではなぜ、重要性や必要性を理解しながら、行動への意欲が高まらないのでしょうか。この問いに対して、最近の行動科学は「なるほど」と思える解答を私たちに与えてくれています。重要性を理解しただけでは「行動意欲が高まるとは限らない」のです。

　アプローチ4では、健康と健康行動の重要性の理解に加え、行動意欲を高めるために必要なもうひとつの重要な要因である「できる感」について紹介します。人の意欲や健康行動を説明する理論の中でも極めて重要な位置づけにある「自己効力理論」の考え方を参考にしています。

　保健の授業、特に体育や保健体育における学習では、ねらいの中心はしっかりした知識及び技能の習得になりますが、さらに「できる感」に着目することで、行動実践への意欲を確かなものにすることができます。

■「健康行動の自己効力感（できる感）」を育む

　健康行動を日常的に実践していくためには、子どもたちがその行動について「自己効力感」を持っていることが大切です。自己効力感とは、「自分は、その行動をうまく行うことができる」という見通し、すなわち自信のことです。自己効力感を持っている人では、持っていない人に比べ健康行動を実践しようとする意欲が高く、必要な努力をし、失敗や困難に直面しても諦めにくく、行動をストレスと感じにくい傾向があります。自己効力感を持っていないと、たとえ健康行動の大切さを認識していたとしても行動しようとする意欲は高まりません。ここで大切なのは、実際にその行動を「行う実力があるのかどうか」ではなく、「本人が『できる』と感じているのかどうか」です。

　子どもを指導しながら、先生方の心の中には、「やればプラスになることがわかっているのに、なぜ実践できないのだろう」という疑問が浮かぶことがあると思います。その原因のひとつは、自己効力感が十分に高まっていない、すなわち「できそうな気がしない」ことにあるのかもしれません。

　小学4年生のAくんとBさんを例に自己効力感の意義を考えてみましょう（図6）。生活習慣の学習を通して、二人とも睡眠習慣の大切さをしっかり理解できたとします。しかし、「夜9時前には布団に入る」という目標行動への自己効力感には違いがあって、Aくんは「がんばればできそう」と感じており（自己効力感がある）、Bさんは「夜9時前に布団に入るのはとても無理」と感じています（自己効力感は低い）。自己効力感の差は取り組みへの意欲や行動に大きな影響を及ぼし、Aくんは積極的に行動実践に取り組む可能性が高く、Bさんは消極的になる可能性が高くなります。

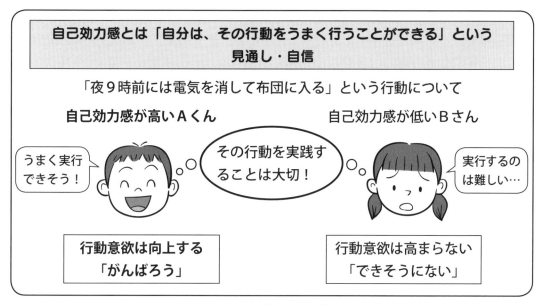

図6　AくんとBさんの自己効力感と行動意欲の違い

　次に紹介するような多様な働きかけによって自己効力感を高めることができます。保健の授業の中で子どもの自己効力感を育むことは、健康行動への意欲を高めるために大変重要です。

◇◆保健教育で生かすには◆◇

その1　自己効力感の程度を把握する

　授業を通して促したい行動に対し、児童生徒がどの程度の自己効力感を持っているかを把握することは大切です。これは授業中に、健康行動について「実践できそうですか」と質問することで、子どもの反応から把握することができます。また、次のような質問でも、個々の子どもの自己効力感の程度を知ることができます（24ページ図7）。

質問：　あなたは、「○○○○（促したい行動）」について、どのように感じますか？

1）できる ────────────────────
2）がんばればできそう ─────────── 自己効力感がある
3）どちらともいえない ──────────→
4）どちらかというと、できそうではない ──→ 自己効力感は不十分
5）できない ──────────────→

図7　自己効力感を把握するための質問例

　授業前や授業の間に子どもの自己効力感を把握することで、自己効力感の高さについての重要な情報が得られます。授業の前後で評価すると、授業を通して自己効力感が向上したかどうかを知ることができます。

その2　「成功経験」で自己効力感を育む

　一人ひとりの成功経験は自己効力感に影響します。類似の行動についてうまく実施した経験があると自己効力感は高まり、逆に失敗した経験があると低くなる傾向があります。授業の中で子どもの成功経験を体験させることによって、自己効力感が高まります。次のような授業の工夫が考えられます。

☆**成功を疑似体験する（行動リハーサル、ロールプレイ）**
　疑似場面を設定し、行動リハーサルやロールプレイによって成功を経験することで、自己効力感が向上します（図8、9）。

身につけたい行動「感染症の予防のために、休み時間にうがいや手洗いをする」

→　「覚えていられない」「一人でするのは難しい」＝自己効力感は低い
→　**友達と声をかけ合いながらうがいや手洗いをしてみる（行動のリハーサル）**
⇒　「できそうな気がしてきた」＝自己効力感が向上

図8　「うがいや手洗い」における行動リハーサル例

身につけたい行動「けがの状態に応じて適切な手当ができるようにする」

→ 「難しそう。その場になったらできないかも」＝自己効力感は低い

→ **いろいろなけがを想定した手当のロールプレイを行い、成功経験をする。**

⇒ 「これならできそう」＝自己効力感が向上

図9 「けがの手当」におけるロールプレイの例

☆行動の目標を「がんばればできそう」なレベルに設定する

　行動の目標レベルは、自己効力感に直接影響を及ぼします。目標が高すぎると自己効力感は低下します。それぞれの子どもにとって、努力によって達成可能なレベルに目標を置くことで自己効力感は高まります。さらに、目標レベルが適切であると目標達成と成功を経験できる可能性が高まります。小さな成功経験は次の成功を引き出し、成功経験の蓄積を通して、自己効力感を育むことができます。徐々に目標を理想水準に近づけていくよう指導することによって、「やればできる」と感じられるようにもなります（例：図10）。

「夜9時」前までに布団に入るのは「できそうにない」
→ 自己効力感ダウン

「夜9時30分」なら「がんばればできそう」
→ 自己効力感アップ！

今週は9時30分に挑戦だ！

図10 「睡眠」における「がんばればできそうなレベル」の例

その3 「代理的経験（モデリング）」で自己効力感を育む

　自分自身が直接成功を経験しなくても、自己効力感が高まることがあります。例えば、ほかの人が上手に実行しているのを観察したり、そのやり方を参考にしたりすることで、自分にもできそうな気がしてくるような場合です。授業では次のような工夫ができます。

☆上手な実践例を観察し、コツを学ぶ

　パーフェクトな実践例（熟練モデル）だけではなく、「はじめは上手にできなかったけれど、努力によってできるようになった例」（コーピング・モデル）について観察したり、できるようになった過程やコツなどを学んだりすると効果的です。特に、「友達もできたのだから、私にもきっとできる」と感じられるモデルが望ましいでしょう。上手な実践をまねながら実際にやってみる参加モデリングも効果的です。

☆友達同士でアドバイスし合う

　子どもにとって、最も身近なモデルはやはり友達です。グループ活動などによって友達同士でお互いにアドバイスしたりコツを教え合ったりしながら、自分に合った方法やコツを見出すことも可能です。同時に、アドバイスを提供した子どもにとっても、「自分のアドバイスが生きた」という満足や自信の向上につながります（例：図11）。

○「好き嫌いが多い。特にピーマンが……」

　友達：「小さく切ると食べやすいよ」「一口から始めたらいいよ」

　　⇒　　それなら食べられそう！（自己効力感が向上）

○「夜9時前までに布団に入るのは難しい。見たいテレビがあるし、気がつくとすぐ時間がたっている……」

　友達：「遅い番組は録画して、後で見るといいよ」

　　「家の人に30分前に声をかけてもらうといいよ」

　　⇒　　そうすれば、早く眠れそう！（自己効力感が向上）

図11　友達からのアドバイスによる自己効力感の向上例

その4　**言語的な励ましによって自己効力感を育む**

　自分では難しいと感じる行動も、ほかの人から温かい言葉で励まされたり、なるほどと思える説得を受けたりすることで自己効力感が高まることがあります。授業では、自己効力感がなかなか高まらない行動に対して、先生から説得的な励ましを与えたり、子ども同士で励まし合う活動を入れたりすることで、自己効力感の向上が図れます（例：図12）。

図12　先生→子ども、子ども同士での言語的な励ましの例

　そのほか、自己効力感を高める方法として、ブレインストーミングなどで多様な選択肢を考え出し、自分に合った方法を選択することも有効です。ある健康課題を解決するための健康行動は一通りとは限りません。さまざまな健康行動から、自分に合った方法を思考・判断していくことも重要な能力といえます。

―健康行動の科学 まめ知識―

「『できる感』が大切」自信の威力　―自己効力理論の考え方―

　自己効力理論の考え方は、バンデューラによって考え出された理論で、最近では健康行動を含め、人の様々な行動を説明するうえで中核となる理論となっています（図13）。

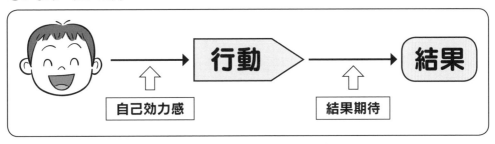

図13　自己効力理論のモデル

　ここでは、人がある行動を実行するか否かには、二つの要因が関係していると考えます。ひとつは「結果期待」であり、それは「行動によって、重要な結果がもたらされる」という本人の認識（期待）のことです。この考え方は、アプローチ2にある「価値観」の中でも、「重要性」として活用しています。もし、子どもが、「その行動は、自分にとって価値のある重要な結果につながる」と信じていれば結果期待があるといえます。

　しかし、健康行動が実行に移されるためには結果期待だけでは十分ではありません。この理論は、さらに「自己効力感」が必要であると述べており、健康行動についてのたくさんの研究によって自己効力感の重要性が裏づけられています。

　では、人々は何をもとに、ある行動を「できる」と感じたり、「できない」と感じたりするのでしょうか。この理論は、次の4つの情報源が重要であるとしています。これらの情報源に働きかけることで、人々の自己効力感を向上させることが可能であると考えられます。

1 自己の成功経験（成功経験が「できる感」につながる。最も重要な情報源）

2 代理的経験（ほかの人の上手な実践を観察して、できそうな気がしてくる）

3 言語的説得（励ましや、説得力のある言葉によってできそうな気がしてくる）

4 生理的・情動的状態（実際に行動したときの生理的・情動的な変化をもとに自信の状態が変化する）

　このような情報源を参考に、様々な工夫によって子どもの自己効力感の向上を図ることが可能です。

健康行動に向けてやる気を高める

健康行動への「決意」を引き出す

強い「決意」が実践へのスタートライン

　子どもが健康の大切さや健康行動の重要性を十分に認識することができ、実行する自信を持つことができたなら、実践行動に向けた動機づけが十分に高まっているといってよいでしょう。まさに、動き出すときです。その際、心の中の意識の高まりである「意欲」を、生活の中での実践の表れである「行動」へとつなげていく必要があります。このとき、行動へのエネルギーを生み出すのが「決意」です。

　アプローチ5では、行動を開始するに当たって重要になるポイントを紹介します。保健の授業では、十分な知識及び技能と意欲の高まりを経て、子どもが「自分の行動を具体的にどのように変えていくのか」を思考・判断し、「意思決定」していくプロセスに当たります。

■健康行動への「決意（意思決定）」を引き出す

　子どもに身につけさせたい健康行動は、本人の立場からすると、楽しく、生き生きと実践できるものばかりではありません。むしろ、健康行動を身につける過程では、それまで慣れ親しんだ生活行動を我慢したり、意志の力で行動を制御したりすることが要求されることがしばしばです。行動変容しようとする人にとっては不安感や負担感となり、意欲にブレーキがかかります。

　子どもに望ましい食習慣を身につけさせることを例に考えてみましょう。「健康的なおやつの食べ方」を身につけるためには、おやつの内容、時間、量などをコントロールして食べる必要があるでしょう。好きな時間に、好きなお菓子を、好きなだけ食べるのが習慣になっていた子どもには、それまでの自由な食べ方を放棄しなければならないという不安感が芽生え、意欲にブレーキをかけるかもしれません。また、バランスのとれた栄養摂取のために「好き嫌いなく食べる」ためには、苦手な食材も食べる努力が要求され、好き嫌いの多い子どもにとってはとりわけ負担を感じるでしょう。このように、健康行動を身につけるためには乗り越えなければならない不安感・負担感が存在することがしばしばです。健康行動の必要性を十分理解していながら、なかなか一歩を踏み出せない人の中には、この気持ちを乗り越えられずに立ち止まっている人が少なからずいると思われます。先生が「変わってほしい」と願う子ども（健康

行動の形成が不十分な子ども）ほど、このような負担感・不安感が大きいと思われます。

　行動変容することに向けた「強い決意」は、こういった負担感を吹き飛ばし、行動実践を開始するエネルギーを生み出します。行動科学では「コミットメント」といい、「準備期」にいる人が行動実践に向けて一歩踏み出す際によく用いる方法です（行動変容ステージモデル→ 18 ページ）。次のような方法がよく用いられます（図 14）。

必ずやるぞ！

心で強く決意する

まず○をして…

具体的な目標や
計画を立てる

周りの人に公表する

図 14 「強い決意」へとつなげる行動例

　保健の授業で、次のような工夫を取り入れることにより、行動への「決意」を促すことができます。

◇◆保健教育で生かすには◆◇

その1 行動変容への具体的な目標・計画を立てる

　授業の中で行動への決意を引き出す有効な方法は、自分自身の行動目標を立てることです。さらに、「いつから、どのようなやり方で実践する」など、具体的な行動計画を立てると一層効果的です。やるべき行動を明確に思い描くことができ、行動実践への扉を開けることができるようになります。

　目標や計画を立てる際に、目標達成を阻害する要因を予想し、対処法を考えておくとさらに有効です。どのようなときに意欲が低下しそうか、どのような環境では実行しにくくなりそうかを予想し、対処法を具体的に考えておきます。

　なお、目標の立て方は極めて重要です。上手な目標設定によって意欲と自己効力感（22 ページ）が向上し、積極的な実践が促されます。成功経験をするチャンスも広がります。

図 15 や 31 ページで児童生徒にもできる上手な目標設定のコツを紹介しています。参考にしてください。

① 目標は短い期間で立てる
② 具体的な行動目標にする
③ 目標は「がんばればできそう」の
　　チャレンジレベルにする
④ 自分の意思で立てる

右のような例を示してあげるとわかりやすいです。

今週は……
・○時には布団に入る
・晴れの日の休み時間は校庭で遊ぶ
・苦手な食べ物も一口は食べる
・朝ごはんは毎日食べる
・外から帰ったら、うがいと手洗いをする
・スナック菓子は、週2回まで
・○時過ぎにはテレビを見ない
・廊下を走らない

図 15　上手な目標設定のポイント

その2　公表・発表する

　授業の中で行動への決意を引き出すもうひとつの方法は、自分の目標や決意をクラスの友達や先生の前で公表することです。グループ活動で公表し合ってもよいでしょう。公表することで決意が一層固まります。お互いに認め合い、励まし合い、協力ができるようになると大変有効です（図 16）。

僕も運動するから、誘い合ってやろうね。

僕は、昼の休み時間は、外で運動をします。

いい目標だね！きっとできるよ！

図 16　グループ発表の例
（右奥の子どもが発表し、周りから励ましやサポートの言葉をもらっている）

―健康行動の科学 まめ知識―

挑戦意欲を高め、有能感を育む目標設定のコツ　－目標設定スキル－

　目標を上手に設定することによって行動変容する意欲が高まり、行動実践への決意が促されます。さらに、目標を一歩一歩乗り越えていくことによって、子どもたちは小さな成功を繰り返し経験し、自信と次への意欲を高めていきます。ここでは、挑戦意欲を高め、自信を育む目標の立て方のコツを4つ紹介します。

第1のコツ「目標は短い期間で立てる」

　短い期間の目標を立てると結果のフィードバックが速やかに返ってきます。達成できた場合には達成感や誇らしい気持ちを感じることができ、次への意欲につながります。達成できなかった場合には、問題の所在や解決方法を考えて次への挑戦意欲につなげることができます。小学生や中学生では、1週間程度の期間で目標を立てるとよいでしょう。

第2のコツ「具体的な行動目標にする」

「〇時までに電気を消して布団に入る」、「なわとび10分を週〇回以上」、「ゲームは週〇回、1日〇時間まで」のように、やるべきこと・量・時間などが明確になるように目標を立てるのがコツです。自分がやるべき行動を明確に思い描くことができるため行動しやすくなります。目標を達成できているのか、遂行状況を客観的に評価できます。状況に応じて目標値を調整することも可能です。

第3のコツ「『がんばればできそう！』のチャレンジレベルにする」

　目標レベルを上手に設定すると、小さな成功体験を繰り返し経験できるようになり、「もう少し高い目標でもできるかもしれない」という次の挑戦意欲と自己効力感を生み出します。さらに「やればできる」という自己の能力に対する積極的な評価、つまり有能感を引き出します。高い自己効力感や有能感は意欲の源泉といえます。理想的な目標レベルには徐々に近づくように、目標を調整するとよいでしょう。

第4のコツ「目標は自分の意思で立てる」

　人は、自分の意思で行動したいという欲求を持っています（自律性→49ページ）。周りの人から指示されても実行しようとしない子どもも、自分で決めたことは見違えるように意欲的に実行するものです。行動変容を促したいときには、自分で目標を立てることを支援するとよいでしょう。

　実践を開始し、定着を図る

「社会的サポート」を充実する

「心」と「行動」への社会的サポートを充実する

　アプローチ1〜5は、健康行動の実践を開始する前段階、つまり、健康行動の動機づけを確かなものにするために有効に活用できるポイントを中心に紹介してきました。アプローチ6以降では、健康行動の継続と習慣化を促す際に有効な視点を紹介します。

　一念発起してある行動を始めてみたものの、結局継続できなかったという経験は、多くの人が持っているでしょう。行動変容ステージモデル（18ページ）で「行動期」と呼ばれるこの時期は継続するのに大変な努力が必要で、ちょっとしたきっかけや時間の経過とともに意欲や行動が失われやすい時期です。

　開始した健康行動を継続し、習慣化していく際に極めて重要な役割を持っているのが周囲の人々からの「社会的サポート」です。社会的サポートの充実を図るとともに、上手に活用できる力を育成することが大切です。

■「社会的サポート」により継続を図る

　子どもが健康行動の価値を十分に認識し（アプローチ2）、自己効力感が高まり（アプローチ4）、十分な決意を通して（アプローチ5）行動を開始した際に、次の課題となるのは、「行動実践を継続すること」です。子どもの健康行動を、実行するのに努力が必要なステージでもある「行動期」から、生活の一部として習慣化したステージである「維持期」へと進めていくことが重要なのです（18ページ）。行動期から維持期への移行にかかる期間は大変長く、大人では数か月といわれています。その間、学校の授業で継続的に同一のテーマを扱うことは事実上難しいといえます。従って、授業では「行動実践を継続するための様々なコツ」を子どもに伝えていくことが必要になります。学級活動など、授業のねらいとして行動の「実践」が強調される際には特に参考になる視点です。

　健康行動を継続していくのに極めて重要なことは、周囲の人から充実した「社会的サポート」を得ることです。社会的サポートとは、「社会的な関係の中でやりとりされる支援や援助のこと」で、子どもの場合には、保護者や周囲の大人、学校の先生、友達などから得られる多様な支援や援助のことです。一人では困難な行動変容も、周囲の人々からの支援によって可能になる可能性が高まります。社会的サポートは、行動変容のすべてのステージで有効に働きますが、とりわけ、行動期では重要です。

　運動習慣としてジョギングを開始した子どもを例に考えてみましょう。

　　体力に不安がある小学6年生のAくん。学校で運動の重要性を学び、ジョギングを始めました。しばらくは意欲的に取り組むことができましたが、継続することがだんだんつらくなってきました。運動を継続する自信も低下してきました。

　　おうちの人にそのことを伝えると、母親はつらい気持ちを理解し、がんばっているAくんの姿を褒めてくれました。父親や兄が、一緒にジョギングをしてくれるようになり、楽しく継続できるようになりました。友達に話したら、休み時間に友達がドッジボールに誘ってくれるようになり、運動の選択肢も広がってきました。運動を続けていく自信が高まってきました。

　Aくんは家族や友達から、様々なタイプの社会的サポートをもらいながら、運動習慣を継続する自信を高めています。

　保健の授業でも、次のような工夫を取り入れることにより、行動への意欲を高めることができます。

◇◆保健教育で生かすには◆◇

その1　家庭も巻き込んだ授業づくりをする

　授業で学んだことを家庭で実践できるように、家庭と連携した授業づくりをすると効果的です。その際、家庭に、子どもの実践をサポートしてもらったり、心を支える「情緒的サポート」（35ページ）をしてもらったりするように依頼するとよいでしょう。

その2　社会的サポートの重要性を学ぶ

　子ども同士で励まし合ったり、アドバイスや協力をし合ったりする学習活動や、ロールプレイなどを取り入れながら、周囲の人々から多様な社会的サポートを提供してもらうことによって、行動実践や継続に大きなプラスとなることに気づかせることが大切です。

その3　ニーズに合った社会的サポートを依頼するコミュニケーションを学ぶ

　周囲の人々に、自分のニーズについて理解してもらい、ニーズに合った社会的サポートを提供してもらうことが大切です。特に、子どもが行動変容していくうえで家庭の社会的サポートは大きな影響力を持っています。保護者や家族に対し、ニーズに合った社会的サポートを上手に依頼し、有効な援助を得ることは大変重要です。友達に対しても、お互いのニーズに合った社会的サポートを提供し合うためには、コミュニケーションが必要です。

　上手な社会的サポートの頼み方を身につけるためには、ロールプレイングが大変有効です。援助をしてほしい理由や目的、その内容、期待される結果などを言語的に伝え、表情や身振りなども含めて練習すると効果的です。多様な内容が含まれるときや、してほしくないことなどが含まれるときには、してほしい援助を具体的に記入した「サポートカード」や、してほしくないことを記入した「NGカード」を活用しながら依頼することも有効です。このようにして、健康行動の形成と維持に向けた社会環境が充実していきます。

依頼内容を上手に伝えるには……

「～のために」（理由・目的など）
「～してほしい」（内容）
「そうすると … できる」（結果）
☆表情、身振りも併せて伝える

―健康行動の科学 まめ知識―

子どもの成長を支える社会的サポート

■社会的サポートとは

「周囲の人々との関わりの中でやりとりされる支援や援助」のことをいいます。子どもにとって最も重要なサポート資源は家族といえますが、さらに地域の人々、教師や友人からも多くの社会的サポートを得ることができます。望ましい健康行動を継続して行っていくためには、社会的サポートを上手に活用していくことが大切です。

　健康行動を形成していく過程で社会的サポートは次のような働きを持っていると考えられています。

① 家族や友達、同じような状況にある人からの社会的サポートをうまく活用することによって、健康行動の実践を継続していくことが促される。

② 社会的サポートを受けることができると思えることが、ストレスを受けたときなどに、その悪影響を緩和する。

■「社会的サポート」にはどのようなものがあるか

　様々な分類がありますが、大きく「情緒的サポート」と「手段的サポート」に分けることができ、それぞれ次のような内容を含みます。

「情緒的サポート」

○ 困難な状況のときに共感してくれたり、話を聞いてくれたり、愛情や尊敬を表現してくれたりするなど、心を支えてくれるサポート（狭義の情緒的サポート）

○ 自信が高まる肯定的な言葉をかけてくるなど、自己評価の向上につながるサポート（評価的サポート）

「手段的サポート」

○ 当面の問題解決などのために必要な具体的な情報やアドバイスなどを提供してくれるサポート（情報的サポート）

○ 必要なものを貸してくれたり、手伝ってくれたり、一緒に実行してくれたりするなど、形のある援助やサポート（道具的サポート）

　子どもたちが、自分たち自身の社会的サポートを充実するために、社会的なネットワークを形成し、上手にそれを活用する能力を獲得することが大切です。

実践を開始し、定着を図る

「モニタリング」して問題を解決する

　目標を持って行動変容の努力を継続するためには、自分自身の実行状況を客観的に見つめながら、「自分自身が進歩している」ことを感じられることが大切です。また、行動変容に取り組む中では様々な問題（行動変容を妨げる環境や意欲の低下など）に直面することが多く、上手に問題解決につなげていくことが大切です。

　アプローチ7では、行動変容における大変有効な技法のひとつである「セルフモニタリング」を紹介します。セルフモニタリングは、有効な行動変容技法であるばかりではなく、子どもの問題解決能力を高める練習と実践の場にもなります。

■「セルフモニタリング」による実践の継続→問題解決へ

　生活行動を変容し、その実践の継続を促すのに大変有効に活用できるのがセルフモニタリング（自己監視）です。目標行動やめあてがどの程度遂行できているかを「セルフモニタリング・シート」を用いて自己評価させます。そして、子ども自身が自己の行動を客観的に見つめ、自分が進歩していることをはっきりと自覚できるようにしていきます。また、自分の行動にブレーキをかける要因を見つけるきっかけにもなり、問題解決（アプローチ8）につなげることも可能です。

　セルフモニタリングを有効に行うためには、目標設定スキル（31ページ）を活用し、適切な難易度（がんばればできそうなレベル）の具体的な行動目標を、設定するとよいでしょう。実践の継続や取り組みの進歩を客観的に評価でき、成功経験のフィードバック効果により、次の取り組みへの意欲が高まります。時折目標のレベルを調整したり、マンネリ化の防止のために取り組み内容を変えたりしながら新たな気持ちでチャレンジするなどの工夫も可能です。

　自己評価は、行動実践となるべく時間的に近接して行うほどよく、毎日1回程度、自分の実践状況を振り返ると効果的です。順調に実践できているときには、評価するたびに喜びや誇らしい感情を経験でき、自信や意欲の向上につながります。もちろん実践がうまくいかないこともありますが、そのときには、「うまくいかなかった理由を考えてみましょう」と振り返ることを促しましょう。例えば、「目標を達成できなかった日の状況」を「達成できた日の状況」と比較することによって、解決すべき問題の

糸口を探し当てることができます。

　セルフモニタリングは、絶え間なく、ずっと続けなければならないものではありません。行動の習慣化に伴って、セルフモニタリング・シートを用いなくても実践を継続できるようになります。インターバルをおきながら実施してもいいでしょう。

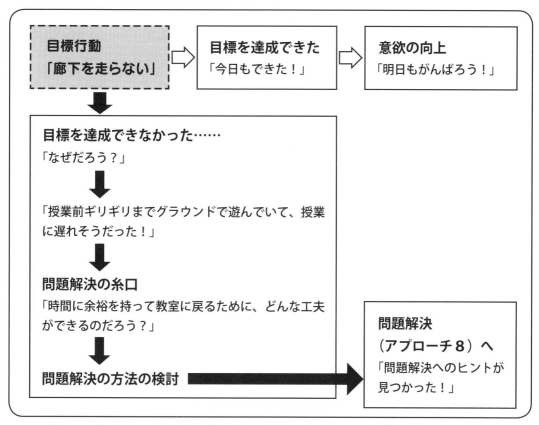

図17　セルフモニタリングによる意欲の向上と問題解決の流れの仕組み

◇◆保健教育で生かすには◆◇

その1　セルフモニタリングを行う

☆小学生用のセルフモニタリング・シートの例（38ページ）

　1日に1回記入しながら、1週間の生活習慣（早起き早寝）の実践状況をモニタリングできるようにしています。

☆中学生用のセルフモニタリング・シートの例（39ページ）

　中学生の発達段階では、「夢を実現するための努力目標」と「夢を実現するための生活目標」を別途設定して、モニタリングすることも可能です。

すくすくカード

年 組 名前（　　　　　　　　　　　　）

ゆめ ☆ 目標 ☆ なりたい自分

目標設定スキルを活用して目標を立てる

将来の夢を記入し、生活習慣の改善が夢の実現につながることを意識づける

目標　早 ね：　9 時 00 分までにふとんに入って電気を消します

　　　　早起き：　6 時 00 分までに起きて、朝ごはんを食べます

10月	3日(日)	4日(月)	5日(火)	6日(水)	7日(木)	8日(金)	9日(土)
早ね（前夜）	○	○					
早起き	○	○					
朝ごはん	×	○					
おうちの人のサイン							

「セルフモニタリング」の部分
目標達成できた日は「○」、できなかったら「×」または「就寝時刻」などを記入
・○がつくことで意欲につながる
・○がつかなかったら問題解決のヒントを見つける

毎日のサインを通して、望ましい生活習慣について、家族のコミュニケーションを促す

うまくいくコツを表現して、意識に蓄積する

ふりかえり

○**がんばったこと**（例：起きる時間を10分早くしたら、朝ごはんを食べることができた）

○**次回努力すること**（例：9時にふとんに入れるよう、見たいテレビは録画しよう）

・目標達成できなかった日の状況を分析し、問題解決の糸口を見つける
・よりよい方法を考え、次の実践に向けて決意する

○**おうちの人から**

子どもに向けて、愛情たっぷりの温かい励ましや褒め言葉をもらう

<1_sukusuku.pdf(docx)>

38

※ CD-ROM の「00_monitoring」フォルダに空欄のものが入っています。< >はファイル名です。

セルフモニタリング・シート

氏名 _____ 　　　　　　　2月7日（月）〜2月13日（日）

夢・目標・なりたい自分

> 夢に近づくために、今できる具体的な努力目標を記入する

> 将来の夢を記入し、生活習慣の改善が夢の実現につながることを意識づける

＜夢を実現するための努力目標＞

夢に近づくために今やるべき具体的な目標をあげて、1〜5点で自己評価しよう。

夢に近づくための努力目標

（例）シュート練習を1日10回する

●

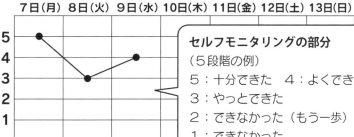

7日（月）8日（火）9日（水）10日（木）11日（金）12日（土）13日（日）

> **セルフモニタリングの部分**
> （5段階の例）
> 5：十分できた　4：よくできた
> 3：やっとできた
> 2：できなかった（もう一歩）
> 1：できなかった

＜夢を実現するための生活目標 - 心と体の元気アップのために＞

「睡眠」「食事」「運動」の中から、あなたが改善すべき目標をあげて、1〜5点で自己評価しよう。

改善すべき目標
●

> 夢への土台づくりのための目標（心と体の元気アップのために）

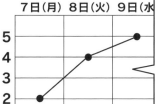

7日（月）8日（火）9日（水）

> **セルフモニタリングの部分**
> （5段階の例）
> 5：十分できた　4：よくできた
> 3：やっとできた
> 2：できなかった（もう一歩）
> 1：できなかった
> ※目標達成できなかった日は、状況を分析して問題解決のヒントにする

	7日（月）	8日（火）	9日（水）
心の元気レベル（1〜5点）	4	5	4
体の元気レベル（1〜5点）	3	4	4
がんばり度自己評価（☆の数）	☆☆	☆☆	☆☆☆

> 毎日の元気レベルを記入し、生活習慣との関わりを実感する

今週の感想・自分への励まし

> 振り返り
> 「うまくいくコツ」、「問題解決の糸口」、「次への工夫」、「自分への励まし」などを記入する

先生から

> 周囲の人からの励ましなど（友達同士でも効果的）

<2_selfmonitoring.pdf(docx)>

アプローチ8　　実践を開始し、定着を図る

問題解決に取り組む

問題解決を保健の授業に生かす

　私たちは社会生活を送りながら大小様々な問題に遭遇し、その解決を図りながら生活を送っています。健康についても同様で、遭遇する様々な課題に対して、子どもたち自身がしっかりと問題解決を図る力を身につける必要があります。新学習指導要領の保健の内容でも「課題を見つけ、その解決を目指した活動」が重視されています。健康課題への対応において、子どもたちが多様な解決方法やアイデアを主体的に考え、実行しつつ振り返り、よりよく解決していく力を身につけることが大切です。さまざまな課題に取り組むとき、難しい問題や障害があることもしばしばです。問題解決に前向きに取り組むためには、効果的な考え方を知り、身につけることが大切です。

■問題解決のステップ

　子どもたちを取り巻く様々な健康課題自体（例えば、安全や感染症など）が問題解決の対象になることもありますし、健康行動を実践する中で直面する多様な障害について問題解決を図る場合もあります。いずれの場合でも、問題解決を有効に進めるには、次のようなステップ（①〜⑤）が有効です。

① 「気づきのステップ」：直面している問題に気づき、解決する必要性を感じる。
② 「目標のステップ」：問題解決によってどのような結果を期待するか、方向性を定める。
③ 「方法のステップ」：問題を解決するための方法・手段を考える。
④ 「実行のステップ」：有効な方法・手段を選び、実行する。
⑤ 「評価のステップ」：満足のいく結果に至ったかどうかを評価する。

　特に注目していただきたいのは③「方法のステップ」です。授業で問題解決を図る場合には、このステップで子どもたちが対話しながら知恵を出し合い、より多くの効果的な選択肢を導き出すように促すことが大切です。自分たちが考えた方法の中から最適な方法を選択して問題解決を試みます（ステップ④）。その結果を評価しますが（ステップ⑤）、初回の試みでうまく解決できなかった場合には、再度③「方法のステップ」

に戻って、ほかの方法を選択したり、やり方を改善したりしながら、解決を試みる必要があります。「方法のステップ」で効果的な方法をたくさん思いつくことが、問題解決を良好に進めるためのポイントになります。

◇◆保健教育で生かすには◆◇

その1 授業づくりに問題解決のステップを活用する

　体育・保健体育の保健の授業で問題解決のステップを取り入れる場合と、特別活動（学級活動、ホームルーム活動）の保健の授業で取り入れる場合とでは、教科などの特性の違いから、取り入れ方が少々異なります。

　体育・保健体育の保健の授業では、学ぶべき知識及び技能が詳細に決められているため、学んだ知識をしっかり活用しながら課題の解決に向けて授業を進めます。学んだ知識から自他の課題を見出すのが気づきのステップであり、望ましい方向性を考えるのが目標のステップといえるでしょう。具体的な取り組みを考える方法のステップでは、学んだ知識を適用して方法を考えたり、選択したりします。課題に対して適切な意思決定、行動選択ができるようになることが授業のねらいとなるため、実行のステップでは有効な方法や手段をしっかり選択し、意思決定・行動選択するところまでが授業の範囲となるでしょう。

　特別活動（学級活動・ホームルーム活動）における保健の授業では、児童生徒が直面する健康問題を取り上げ、具体的に問題解決を図る授業が行われます。「課題をつかむ→原因をさぐる→解決方法を見つける→個人の目標を決める→取り組む」という流れで授業を進めるとよいでしょう。

　例として「よい睡眠」を題材に考えてみましょう。まず、子どもたちが睡眠に課題があることを自分自身の課題として捉え、改善の必要性を実感できるようにします（①「気づきのステップ」）。アンケートや保健室の来室状況を授業の導入として扱うこともできるでしょう。次に、睡眠習慣が悪化する原因を考え、目指したい「望ましい睡眠習慣」を確認します（②「目標のステップ」）。続いて解決方法を考えますが、ブレインストーミングなどを用いて、自由にたくさんのアイデアを出し合います（③「方法のステップ」）。友達の意見を参考に、一人ひとりの考えが広がり、深まることが大切です。様々な方法や工夫の中から、自分に合った具体的な実践方法やめあてを決め、授業後の生活で実行に移します（④「実行のステップ」）。特別活動では、事後の活動でセルフモニタリング（アプローチ7を参照）を活用して実践状況を評価することもできます（⑤「評価のステップ」）。めあてが達成できない場合には、セルフモニタリングの結果を参考に問題解決の糸口を探させたり、方法のステップを振り返らせたりして、再チャレンジを支援します。このように、問題解決のステップは特別活動における授業の流れに反映しやすい考え方になっています。

　実践を開始し、定着を図る

「行動しやすい環境と刺激」を整える

「追い風」をつくり「向かい風」を抑える

　ある行動を実行しようとする場合、私たちは「実行しやすい状況」もあれば、逆に、「実行しにくい状況」もあることに容易に気がつきます。その「状況」とは、物理的な環境、周囲の人々からの働きかけ、自らの行動や思考など、極めて多様で、また人によって異なります。個人の行動の変容を左右する、様々な環境、刺激、きっかけが、その人の身の回りに存在します（行動科学では、これらをまとめて「刺激」といいます）。

　行動変容の視点から見ると、「実行しやすい状況」は行動変容の追い風となり、「実行しにくい状況」は向かい風となります。行動変容を上手に進めるためには、積極的に追い風をつくり出し、向かい風を抑制することが大切です。

　アプローチ9では、子どもにも十分活用できる有効な行動変容技法のひとつである「刺激コントロール」の例を紹介します。

■健康行動の継続につながる「刺激コントロール」

「お菓子があると食べたくなる」「静かな環境では眠りやすい」「目標を紙に書くとやる気が出る」など、私たちの行動は、様々な環境、刺激、行動の影響を受けています。健康行動の実践を続けるためには、行動に影響を与える様々な環境や刺激を積極的にコントロールすることが大切です。行動を行いやすくする刺激を積極的につくり出す一方で、行いにくくする刺激を避けるように周囲の状況をコントロールする方法を、行動科学では「刺激コントロール」といいます。有効な行動変容技法のひとつです。

大事な ポイントは	①自分の行動に影響を及ぼしている要因を明らかにすること ②プラスの要因を多くし、マイナスの要因を避けること

　次の例（43ページ）では、Aさんは食習慣の改善のためにお菓子や甘い炭酸飲料の制限に取り組んでいます。「コンビニエンスストアに行くこと」や「喉の渇き」が取り組みにマイナスとなる行動や刺激であることに気づいたAさんは、上手にコントロールをしようとしています。

例：お菓子や甘い炭酸飲料の制限に取り組んでいるＡさん。コンビニエンスストアに行くとついお菓子を買ってしまう。また、甘い炭酸飲料が好きで、喉が渇くとどうしても飲みたくなってしまう。

⇒どうしても必要なとき以外、コンビニエンスストアには行かないようにしよう！

⇒お茶や水を持ち歩き、ときどき飲んで喉が渇かないようにしよう！

◇◆保健教育で生かすには◆◇

その1　刺激コントロールを学習に生かす

　迷路のような学習カードを利用して、刺激コントロールの考え方を学習に取り入れることができます。このカードは、朝食摂取とよい睡眠習慣を形成するうえでプラスとなることと、マイナスとなることが例示されており、それを参考にしながら自分自身のコントロールすべき要因を考えていきます。子どもが自己の生活を振り返りながら、行動変容を成し遂げるための環境や刺激を整えます（図18）。

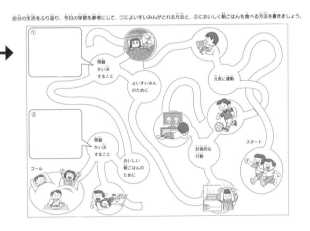

図18　刺激コントロールを学習に生かす例（よい睡眠と朝食までの道のり）

　問題解決の過程にも活用できる考え方です。実践編で、セルフモニタリング（アプローチ7）を通して行動変容の障害となる問題を明らかにし、問題解決へと進めていく授業を実践11（159 〜 172ページ）で紹介しています。

その2 「自分の言葉」でプラスの刺激をつくり出す

　自分自身の独り言（セルフトーク）は行動に大きな影響を及ぼします。

　目標とする行動に対して気が進まないときに、「今日はできないかもしれない」「面倒だ」と消極的な言葉を口にすると、意欲がさらに低下し、実行したくなくなります。一方、たとえ消極的な気持ちのときでも、「今日もきっとできる」「がんばろう」のように前向きな内容のセルフトークをすることでそれが刺激となって、意欲を高めることができます（図19）。

☆プラスのセルフトークで意欲を高めよう

マイナス		プラス
「今日は駄目かも」	⇒	「今日もできる！」
「面倒だなあ」	⇒	「早くやってしまおう！」
「やったって同じだよ」	⇒	「がんばればきっとよくなる！」

図19　前向きな内容のセルフトークへの転換例

　また、自分に対して、やるべき行動を言葉で明確に指示することで、自己の行動を方向づけることができます。行動科学で「自己教示」と呼ばれる方法の応用で、自分の言葉で行動のプラスとなる刺激をつくり出しているとも言えます（図20）。

☆自分の言葉で行動を方向づけよう

「今日は○○をする（しない）！」
「○時まで・・・を、その後・・・をしよう！」

図20　自己教示の例

　授業の中では、行動変容の有効なスキルとして子どもに紹介し、自分に合った積極的なセルフトークを見つけさせ、体験させながら定着させたい技法です。

―健康行動の科学 まめ知識―

行動を変えるテクニック

行動を継続し、習慣化を図る際に有効なテクニックを紹介します。行動変容ステージモデル（18 ページ）では「行動期」以降で有効な方法です。

刺激コントロール

目標とする行動変容を促進するきっかけや刺激（環境や行動など）を増やし、行動変容を抑制するきっかけや刺激を取り除くことを言い、アプローチ９で紹介しています。

「体力向上のためにジョギングをしよう」

増やしたい刺激の例		**減らしたい刺激**
・見えるところに目標を貼る ・「がんばれ！」と自分に言う ・好きなスポーツ選手の 　ポスターを貼る		・手の届くところに 　ゲーム機がある ・テレビがついてい 　て見たくなる

行動置換（逆条件づけ）

「不健康な行動」を「健康的な行動」に置き換える方法です。なお、不健康な行動でも、本人にとっては何らかの意義がある場合がありますが、同様の意義を有する健康的な行動を見つけて置き換えることで、行動変容しやすくなります。

「健康的なおやつを考えよう」

「スナック菓子」		**「果物」**
・おいしいから好き（意義） ・食べるのは楽しい（意義）		・果物もおいしい、好き（意義） ・食べるのは楽しい（意義）

※「おいしい、好き、楽しい」という意義を維持しながら、健康的な行動に変えています。

「不健康な行動」と同時に成立しない「健康的な行動」を増やすことで、不健康な行動を健康的な行動に置き換える方法もあります。

ゲームやテレビに夢中になり、 つい運動不足になる		・犬の散歩を担当する ・買い物の手伝いをする ・スポーツを始める

　　　実践を開始し、定着を図る

行動実践を「強化」する

「正の強化」の適切な使い方を知ろう

　学校の教育活動では、子どもを褒めて意欲を引き出す努力が日常的に行われています。子どもが行ったよい行為に対し、教師や親が褒め言葉を与えると、子どもはさらに意欲を高め、一層前向きにその行為を行うようになります。このように、ある行動に引き続いて称賛や褒美、逆に罰を与えるなどして、行動の起こり方を高めたり、抑制したりする方法を、行動科学の分野では「強化」といいます。

　行動変容を進める際には、行動の定着がまだ不安定な時期である「行動期」（18ページ）の人に上手に強化を取り入れていくと、行動の継続に有効であるといわれています。

　アプローチ10では、教師の立場から授業の中で計画的な強化を取り入れ、子どもの行動実践を促す視点からと、子どもが自分自身に強化を行っていく「自己強化」を促す視点からの2つの方法を紹介します。

■適切な「強化」を行うために

　私たちは子どもを指導するときに、適切な行動に対しては積極的に称賛や褒美を与え、不適切な行動に対しては叱責や罰を与えます。上手に褒めることで、子どもを望ましい行動へと導くことができることを、私たちは経験的に知っています。行動科学のオペラント条件づけの分野では、ある特定の行動に対して報酬を与えたり、逆に罰を与えたりすることを「強化」（図21）といい、特に、よく考慮された正の強化（図22）は子どもの行動変容を促す有効な方法であると言われています。授業の中で計画的に正の強化を用いることで、子どもの意欲を高め、行動実践を促進することができます。

　授業では、特に行動の実践や問題解決への取り組みが重視される場合（学級活動や総合的な学習の時間など）に有効に活用できる方法です。

強化のタイプ

適切な（増やしたい）行動に引き続いて

→「正の強化」・・・行動を促進する刺激（称賛や承認、褒美など）を与える

→「負の強化」・・・嫌悪刺激（叱責や苦痛、緊張など）を減らす

※いずれも適切な行動を促進します。

不適切な（減らしたい）行動に引き続いて　→　「罰」・・・嫌悪刺激を与えること

※不適切な行動を抑制します。

図 21　強化のタイプ

好ましい刺激（正の強化子）が行動を促進する

行動を実践できた

よくがんばっているね（称賛）
拍手をもらった（承認）
シールを貼ってもらえる（褒美）
お気に入りの本を買ってもらえる（褒美）

図 22　「正の強化」による行動の促進

　ただし、日常生活の中では、子どもが努力して望ましい行動を実践しても、常に周囲の人々から称賛の言葉を与えられたり、褒美をもらえたりするとは限りません。そのようなときでも、子どもが「自己強化」（自分自身に対して強化を行うこと）の方法を身につけていると、自分自身で強化を行い、自分自身で意欲をコントロールすることができます。自己強化は、「自分の行動や意欲をコントロールする技法」と言ってもいいでしょう。

◇◆保健教育で生かすには◆◇

その1　計画的な強化を取り入れる

　授業で強化を計画的に取り入れる際には、目標設定スキル（31ページ）やセルフモニタリング（36ページ）と併用すると効果的です。

　まず、目標設定スキルを活用して、有効な目標を立てます。一定の基準を満たして目標を達成したなら正の強化となる刺激（強化子）を与えるようにルールを決めましょう。例えば、「目標とする健康行動を1週間毎日達成できたなら『シールをもらえる』」

のように、子どもが楽しみにしながら、意欲を持って努力できるような褒美の内容と
ルールを決めることが大切です。「クラスで紹介され拍手をもらう」、「褒め言葉や印
をもらう」など、発達段階に合わせた褒美や称賛も強化子として適しています。「トー
クン・エコノミー法」といって、仮想のコインや得点をためていき、一定数たまった
ら、楽しみな何かと交換できるという手法も用いられます。

　なお、行動に対して速やかに強化が行われるほど高い効果が得られます。目的とす
る行動に応じて、行動と刺激（強化子）の提示がなるべく時間的に近接するように工
夫しましょう。

その2　自己強化スキルを身につけさせる

　自己強化の簡単な方法は、目標とする行動を実践できたときに、自分自身に対して
褒め言葉や承認の言葉など、次へのやる気につながる言葉を投げかける方法です。ア
プローチ9で紹介したセルフトーク（44ページ）では、「行動前の好ましい刺激」と
して自分の言葉を用いました。自己強化では、「（行動後に）行動に対する称賛」とし
て自分の言葉を用います。

　まず、子どもに自己強化の有効性を体験してもらう必要があります。目標を達成で
きたときを想像し、自分自身に褒め言葉や称賛の言葉を投げかけることによってやる
気が高まることを想像させるとよいでしょう。自分に投げかける言葉を考え、1日の
実践を振り返りながら自己強化をする方法も有効です。

　自己強化の別の方法としては、目標が達
成できたときには、自分に褒美をあげる方
法です。褒美は「好きなお菓子を食べてよ
い」など簡単なもので十分で、それを楽し
みにがんばろうという気持ちが湧いてきま
す。

「褒め言葉」の例
・がんばっている！
・今日もできた
・よくやっている
・この調子！

―健康行動の科学 まめ知識―

自己決定が支える「意欲」 −「自己決定理論」の考え方−

　人の行動は意欲（動機づけ）によって支えられています。意欲（動機づけ）に関する考え方の中で注目されているのが「自己決定理論」です。この理論では「自らの意思で行動しようとしている程度」（自己決定、自律性）をもとに人の意欲（動機づけ）を捉えています。自己決定的であるほど高い意欲を持っていることになります。

行動するつもりがない	叱られたくないので行う	自分にとって価値があるので行う	行動自体が楽しい好きなので行う
非動機づけ	外発的動機づけ		内発的動機づけ
非自己決定的 ←――――――――――――――――――――→ 自己決定的			

図 23　動機づけと自己決定の関連（一部簡略化）

　では、人が高い意欲を持つためには何が必要なのでしょうか。この理論では、人には「関係性への欲求」、「自己決定（自律性）への欲求」、「有能さへの欲求」の3つの基本的な欲求があり、これらが満たされるような条件のもとで人は意欲的になり、積極的な行為が生じるとしています。つまり、お互いに認め合う他者との親密な関係のもとで（関係性）、自分の意思で行動することができ（自律性、自己決定）、自己の有能さを感じられる（有能感）ことによって意欲が育まれ、統合的な発達が促されるという考え方です。

　ここでは自己決定（自律性）が重視されていますが、現実の教育の中では子どもたちの自己決定に委ねられることばかりではなく、むしろ大人によるコントロールが必要なことの方が多いかもしれません。しかし、そのような中でも、必要な制限を加えつつ、子どもが最良の選択ができるように励ますことは可能です。私たち大人が子どもの視点や立場で考え、子どもが自ら進んで行おうとする気持ちや、責任を持とうとする姿勢を尊重し励ましていくことによって、子どもは「自分たちの決定が尊重されている」と感じられるようになります。

　行動変容の観点からは、子どもと一緒にやり方を考える、選択肢の中から自由に選べるようにする、自分で目標を決めるなど、様々な工夫によって自律性を支援することが可能です。「目標設定のコツ」（31 ページ）に「目標は自分の意思で立てる」が入っていますが、まさに自律性を高めることを目的としたコツです。

「上手な振り返り」で意欲を高める

「振り返る」ことの大切さ

　人々は、日常生活の中で様々な成功や失敗を経験します。子どもたちも、学校や家庭で日々成功や失敗を繰り返しています。人の意欲や行動は、成功や失敗の原因をどのように振り返るかによって大きな影響を受けます。

　例えば、鬼ごっこで「鬼に捕まった」（失敗）ときに、その理由を「逃げる方向がまずかったから」と振り返った場合と、「足が遅いから」と振り返った場合には、鬼ごっこに対する意欲はどのように変わってくるでしょうか。おそらく前者では、逃げ方を工夫して次は捕まらないようにがんばると思いますが、後者では鬼ごっこへの意欲が低下する可能性さえあります。

　このような結果の振り返り方と意欲や行動との関係は、「原因帰属」という分野で研究されており、原因の振り返り方が人の意欲を説明する重要な要因であるといわれています。

　アプローチ11では、このような考え方を授業の中に生かして、子どもの意欲を高める視点を紹介します。

■意欲に結びつく「振り返り」を行うために

　行動変容や様々な目標に向かって取り組む中では、その取り組みや行動が順調にいったり（成功）、順調にいかなかったり（失敗）します。人々の意欲や感情は、その結果（成功や失敗）に対して、本人がその原因をどのように捉えるかによって、大きく影響されます。

　例えば、授業で学習した健康行動をうまく実践できたときに、その理由を「自分ががんばったから」、「工夫したから」と努力や工夫を振り返った場合には、誇らしい感情や「がんばればうまくいく」という見通しが生まれます。このような感情や見通しは次への意欲を高め、行動実践を促します。ここで努力や工夫は、自分自身の問題で、主体的にコントロールできる要因であることに注目してください。つまり、取り組みの成否は、「自分の努力や工夫しだいで十分コントロール可能なこと」として認識されているのです。

　一方、成功の理由を「偶然うまくいったから」のように自分ではコントロールできない要因として振り返った場合には、「がんばって行動しても成功するとは限らない」

という認識につながり、意欲が低下する恐れがあります（図24）。

　取り組みが順調にいかない場合についても見てみましょう。

「努力や工夫が足りなかった」のように自分のコントロール可能な要因として振り返ると、「新たな気持ちでがんばろう」という意欲が湧いてくる可能性があります。しかし「もともと自分には能力がないから」と、自分ではどうしようもないこと（コントロール不可能）として捉えると、意欲は低下してしまいます。

図24　意欲が高まる振り返りと意欲が低下する振り返り

　このように、結果の原因をどこにおくか（何に帰属するか）が人の意欲や行動に影響するという考え方を「原因帰属理論」と呼びます。子どもが取り組みや行動を上手に振り返ることができるように授業の中で支援することで、意欲の向上や行動変容を促すことができます。

◇◆保健教育で生かすには◆◇

その1　「努力」や「工夫」を中心に振り返る

　実践編の実践⑥（107～120ページ）などで、1回目の授業と2回目の授業の間に1週間の実践を取り入れています。このような授業では実践の結果を振り返ることが可能です。また、1時間の授業内でも、ロールプレイや種々の活動の中で日々の実践を振り返ることが可能です。

　授業の中で、コントロール可能で積極的な要因である「努力」や「工夫」を選択的に振り返らせ、成功は自分自身の努力や工夫によることを強調することで、子どもが望ましい原因帰属スタイルを獲得できる可能性があります。

　また、問題解決の考え方を取り入れ、「自分の力で問題解決できる」という自信を高めることも、望ましい原因帰属スタイルを獲得することにつながるでしょう。

―健康行動の科学 まめ知識―

積極的な健康行動と内的コントロール所在

　コントロール所在とは、「物事の結果が何により決定（コントロール）されるかに関する考え方」をいい、「内的コントロール所在」と「外的コントロール所在」に分けられます。

　健康についていうと、「健康状態は、自分の行動や努力によって決まる」と考えている人は、行動や努力といった自己の内的な要因によって健康状態が決定されると考えており、「内的コントロール所在」です。一方、「運や他人によって決まる」と考えている人は、自分以外（外的）の要因によって健康が決定されていると考えており、「外的コントロール所在」となります。

　自ら積極的な健康行動を行い、行動を継続する可能性が高いのは内的コントロール所在の人です。自分自身の積極的な行動や努力によって、望ましい健康状態を獲得できるという信念が形成されているといえます。

　それに対し、外的コントロール所在の人は、他人任せになる可能性や、行動変容がうまく進まない可能性があると考えられています。

　子どもに働きかける際には、自分の行動や努力がよい結果につながるという点を強調し、子どもが「内的コントロール所在」を獲得できるように促したいものです。

　アプローチ11の原因帰属の考え方の中でも「自分自身でコントロールできる」という考え方が大切であることを紹介しました。コントロール所在の考え方でも同様の視点があります。人の意欲と「コントロール感」の関係の深さを改めて認識させられます。

内的コントロール所在	**外的コントロール所在**
自ら努力や行動することで健康でいられる。病気も予防できる。	 努力しても、病気になるときはなる。医学に頼るしかない。
積極的に健康的な行動をしよう。（意欲が高まる）	 健康行動をする気にならない。（意欲が低下）

実践編

これから紹介する11の実践の中には、7〜52ページで解説した行動変容を引き出す11のアプローチが散りばめられています。
各実践の概要とその中に入っているアプローチを下記にまとめましたので、参考にしてください。

実践の概要	入っているアプローチ
実践① 学級活動「健康的なおやつの食べ方」 対象：小学2年生 1時間（55〜62ページ）	1、2、5、6、8、10、11
実践② 体育（保健領域）「健康な生活」 対象：小学3年生 2時間（63〜76ページ）	1、2、4、5、6
実践③ 学級活動「チャレンジカードでがんばろう」 対象：小学3年生 2時間（77〜90ページ）	2、4、5、6、8
実践④ 体育（保健領域）「体の発育・発達」 対象：小学4年生 1時間（91〜98ページ）	1、2
実践⑤ 体育（保健領域）「けがの防止」 対象：小学5年生 1時間（99〜106ページ）	1、2、4、5
実践⑥ 学級活動「健康のもと、よい生活習慣」 対象：小学5年生 2時間（107〜120ページ）	1、2、3、4、5、6、7、8、9、10、11
実践⑦ 体育（保健領域）「病気の予防」 対象：小学6年生 2時間（121〜134ページ）	1、2、5、6
実践⑧ 保健体育（保健分野）「心身の機能の発達と心の健康」 対象：中学1年生 1時間（135〜142ページ）	1、2、4、6
実践⑨ 保健体育（保健分野）「自然災害による傷害の防止」 対象：中学2年生 1時間（143〜150ページ）	2、3、5
実践⑩ 保健体育（保健分野）「健康な生活と疾病の予防」 対象：中学3年生 1時間（151〜158ページ）	1、2、4、5
実践⑪ 学級活動「健康の土台となる生活習慣」 対象：中学生 2時間（159〜172ページ）	1、2、3、4、5、7、8、9

行動変容を引き出す実践①

学級活動 「健康的なおやつの食べ方」

対象：小学2年生　1時間

☆単元の内容（新学習指導要領より）

　小学校学習指導要領解説（特別活動編）によると、特別活動（学級活動）における保健に関する指導としては、「心身の発育・発達」、「心身の健康を高める生活」などの題材を通して、自分の健康状態について関心をもち、身近な生活における健康上の問題を見つけ、自分で判断し、処理する力や、心身の健康を保持増進する態度を養うこととしています。また、食育の観点を踏まえ、「望ましい食習慣の形成」が重視されています。

　朝食・昼食・夕食だけでは十分な栄養をとれない児童にとって、おやつは重要な栄養摂取の機会です。保護者によって管理されてはいるものの、おやつが朝食・昼食・夕食に影響するなど、食習慣上の問題となることも少なくありません。健康や成長の視点から望ましいおやつの食べ方を児童が学び、保護者の指導のもと自ら実践できるようにすることが大切です。

◆授業のねらい

○「知識・技能」の観点からは、おやつが健康や成長と関わっていることを理解できることをねらいとします。

○「思考・判断・表現」の観点からは、おやつの食べ方について、自らの課題を見出し、目標をもって実践できることをねらいとします。

◇授業の工夫点

・おやつが健康や成長と深く関連していることを理解させ、行動への「動機づけ」を高めます。

・「問題解決」のステップに沿った授業の流れにし、課題を解決する過程を学びます。

・保護者と連携して「社会的サポート」を充実させ、変容を促します。

学習活動「健康的なおやつの食べ方」の流れ

学習活動	指導上の留意点・児童の反応・資料
※事前の活動	**「おやつアンケート」を行う。** ☆宿題として、食べたおやつをアンケートに記入する。 おやつアンケート「よくたべるおやつしらべ」 名まえ（　　　　） きのう、たべたおやつをかきましょう。 おやつをたべるとき、おうちの人にちゅういされることをかきましょう。 おやつアンケート（CD－ROM収録） ☆保護者と一緒に答えるように伝える。 ☆保護者には、健康的なおやつの食べ方について学習することを伝え、家庭での協力を仰ぐ。 ☆指導前にアンケートを集計しておく。 **アプローチ6 [社会的サポート]（32ページ）** 学習内容について家庭に知らせ、家庭でのサポートの充実を図ります。
1「おやつアンケート」の結果を予想し、結果を知る。 「よく食べるおやつ調べ」の結果を当ててください。1位は何だと思いますか？	**結果を予想させながら、答えを黒板に掲示する。** ☆おやつの楽しさについても意見を聞き、楽しい学習になるようにする。 ・たぶんお菓子だよ。 ・ジュースかな？ ・おせんべいだと思う。 よく食べるおやつ じゅんいはっぴょう 1位 スナックがし　2位 チョコレート ポテトチップス 3位 クッキー　4位 プリン　5位 ケーキ アンケート結果（イメージ） **アプローチ1 [興味・関心]（12ページ）** アンケート結果を発表し、おやつの学習への興味・関心を高めます。
2 おやつを食べるとき、家庭でよくいわれることを考える。 おやつについて、おうちの人からよく言われることは何ですか？	・もうすぐごはんだから、我慢しなさい。 ・食べ過ぎないようにね。 ・ごはんが食べられなくなる。 ・おなかがすかなくなる。 ☆児童の発言やアンケートから、「食べる量」や「食べる時間」について注意されることがあることを伝え、おやつの食べ方に課題があることに気づかせる。

学習活動	指導上の留意点・児童の反応・資料
おなかいっぱい食べたり、ごはんの直前に食べたりしたらどうなりますか？	アプローチ8［問題解決（気づきのステップ）］（40ページ） おやつの食べ方に問題があることに気づかせ、問題解決への動機づけにつなげます。
3 おやつの食べ方が健康や成長と深く関わっていることを知る。	おやつもごはんも両方とも大切な栄養摂取の場であり、健康や成長と深く関連していることを伝える。 皆さんが健康で大きくなるためには、食事とおやつの両方から栄養をとることが大切です。おやつでおなかがいっぱいになって食事が食べられなくなると、十分な栄養がとれなくなってしまいますね。 アプローチ2［価値（重要性）］（14ページ） おやつとごはんの両方が重要であることを理解させ、健康的な食べ方に対する認識の重要性を高めます。 アプローチ8［問題解決（目標のステップ）］（40ページ） 課題を明らかにするとともに、解決の方向性を明確にします。
4 問題解決の方法について考える。 次のごはんまでにおなかがすくようにおやつを食べるには、どうすればいいですか。	「おやつを食べて、ごはんをしっかりと食べられなくなることがある」という問題を解決する方法を考えさせる。 ☆次のごはんまでにおなかがすくおやつの食べ方の工夫をみんなで考え、ワークシートに記入し、意見を出し合う（集団思考）。 ☆いろいろなやり方を考えられるように支援する。 ☆家の人に手伝ってもらうことにも目を向けさせる。 ・おやつを食べ過ぎないようにする。 ・家の人におやつの量を決めてもらう。 ・ごはんの前には食べない。 ・家の人におやつの時間を決めてもらう。 アプローチ8［問題解決（方法のステップ）］（40ページ） いろいろな解決方法をみんなで考えます。

学習活動	指導上の留意点・児童の反応・資料
5 自分のめあてを決め、発表する。	・自分のおやつの食べ方を振り返り、今後どのような食べ方をしていきたいか、めあてを決め（自己決定）、ワークシートに記入する。 ・めあてを発表し、決意を高める。 アプローチ5［決意］（28ページ） 発表することで、決意を確かなものにします。
6 学習のまとめをする。	☆健康によいおやつの食べ方をすることで、健康でしっかりと成長できることを確認する。 ☆めあてに向けて、1週間取り組むことを伝える。 ☆保護者に向けてサポートを依頼する（ワークシートに記載）。 アプローチ8［問題解決（実行のステップ）］（40ページ） めあてに向けて取り組みます。 アプローチ6［社会的サポート］（32ページ） 家庭のサポートを高めます。
※事後の活動	1週間、めあてを実践する。 ☆粘り強く実践できるように励ます。 1週間の実践後、がんばったことや工夫したことについて振り返り、発表する。 ☆「がんばったことや工夫したこと」を褒め、やる気につなげる。 ☆ワークシート内の保護者のメッセージを紹介して、引き続きの実践を促す。 アプローチ8［問題解決（評価のステップ）］（40ページ） めあてを達成できたか評価します。 アプローチ11［振り返り］（50ページ） 努力や工夫が成功体験につながった例について振り返り、やる気につなげます。 アプローチ10［強化］（46ページ） がんばりを褒めて、やる気を高めます。

指　導　案

（1）本時のねらい

○おやつの働きと、おやつが健康や成長と深くかかわっていることを理解できる。

＜知識・技能＞

○おやつの食べ方について自分自身の課題を見出し、目標をもって実践することができる。

＜思考・判断・表現＞

（2）準備

・「おやつアンケート」の実施と集計　　・ワークシート（保護者への依頼文付き）

（3）展開

学習活動	指導上の留意点	資料
《事前の活動》	・事前の活動として「おやつアンケート」を実施し、集計しておく。 ・保護者には、健康的なおやつの食べ方について学習することを伝え、家庭での支援・協力（社会的サポート）を依頼しておく。	おやつアンケート
1「おやつアンケート」の結果を予想し、結果を知る。 「よく食べるおやつ調べ」の結果を当ててください。1位は何だと思いますか？	・おやつの楽しさについても意見を聞き、楽しい学習になるようにする。 ・結果を予想させながら、答えを黒板に掲示する。	
2 おやつを食べるときに、家庭でよく言われていることを考える。	・児童の発言やアンケートから、「食べる量」や「食べる時間」について注意されることがあることに気づかせる。 ・「おなかいっぱい食べたらどうなるか」、「夕飯の直前に食べたらどうなるか」などを想像させながら、具体的に考えさせる。	

おやつについて、おうちの人からよく言われることは何ですか？	・おやつの食べ方に課題があることに気づき、問題解決につなげる。	
3 おやつの食べ方が健康や成長と深く関わっていることを知る。	・おやつの働きとして、「楽しみ」に加え「食事ではとりきれない栄養の補給」があることを伝える。 ・おやつもごはんも両方とも健康や成長と深く関連していることを強調する。 ・「おやつを食べて、ごはんを食べられなくなることがある」ことを課題と捉え、その解決を目標とすることを全体で共有する。	
4 問題解決の方法について考える。 次のごはんまでにおなかがすくようにおやつを食べるには、どうすればいいですか。	・次のごはんまでにおなかがすくようにおやつを食べるにはどうしたらいいか、みんなで考え、ワークシートに記入し、意見を出させる。 ・いろいろな問題解決の方法を考えられるように支援する。 ・家の人に手伝ってもらうことにも目を向けさせる。	ワークシート
5 自分のめあてを決め、発表する。	・自分のおやつの食べ方を振り返り、今後どのような食べ方をしていきたいか、めあてを決め、ワークシートに記入する。 ・めあてを発表し、決意を高める。	ワークシート
6 学習のまとめをする。	・健康によいおやつの食べ方をすることで、健康でしっかりと成長できることを確認する。 ・めあてに向けて、家庭で1週間取り組むことを伝える。 ・保護者に向けてサポートを依頼する（ワークシートに記載）。	ワークシート

《事後の活動》	・1週間の実践を試みる。 ・保護者からは、児童のがんばりを積極的に 　評価するコメントを書いてもらう。	ワーク シート

ワークシート・掲示資料（CD−ROM収録）

（CD-ROM の「01_oyatsu」フォルダに入っています。＜＞はファイル名です）

おやつアンケート「よくたべるおやつしらべ」

名まえ（　　　　　　　　　　）

きのう、たべたおやつをかきましょう。

おやつをたべるとき、おうちの人にちゅういされることをかきましょう。

おやつアンケート
<1_enquete.pdf(docx)>

（CD-ROM の「01_oyatsu」フォルダに入っています。＜＞はファイル名です）

＜学_{がっ}きゅうかつどう＞　けんこうてきなおやつのたべかた

2年_{ねん}　くみ　名_なまえ

けんこうてきなおやつのたべかたをかきましょう。

どのようなたべかたをしたいか、「めあて」をかきましょう。

１しゅうかん、めあてにチャレンジして、おうちの人_{ひと}からかんそうをもらいましょう。

おうちの人より

保護者のみなさまへ

　学級活動で「健康的なおやつの食べ方」を学習しました。お子さまが「めあて」を立てましたので、ご家庭でおやつの食べ方を見直す機会にしていただけると幸いです。めあてに向けて、児童が１週間のチャレンジを行いますので、励ましとご協力をお願いいたします。ご家庭に合わせてめあてを調整していただいても構いません。

　保護者様の感想では、お子さまのがんばりを愛情たっぷりにほめていただきますようお願いします。

ワークシート
＜2_worksheet.pdf(docx)＞

体育（保健領域）「健康な生活」

対象：小学3年生　2時間

☆単元の内容（小学校学習指導要領より）

　　小学校学習指導要領解説（体育編）によると、健康な生活については、健康の大切さを認識するとともに、家庭や学校における毎日の生活に関心をもち、健康によい生活を続けることについて課題を見つけ、それらの解決を目指して基礎的な知識を習得したり、解決の方法を考え、それを表現したりできるようにすることがねらいとされています。そのため、ここでは、健康の状態は、主体の要因や周囲の環境の要因が関わっていること、健康に過ごすには、1日の生活の仕方が深く関わっていることを学習します。

◆授業のねらい

○「知識」の観点からは、心や体の健康には、主体的要因と環境的要因が関わっていること、毎日を健康に過ごすには、食事、運動、休養および睡眠の調和のとれた生活が必要であることについて理解できることをねらいとします。

○「思考・判断」の観点からは、健康によい生活の仕方について、自分の生活を振り返って課題を見つけ、解決の方法を考え、書くことができることをねらいとします。

○「主体的に学習に取り組む態度」の観点からは、将来の生活と健康のかかわりについて関心をもち、自分の考えを発表したり、友達の意見を聞いたりして意欲的に学習に取り組むことができることをねらいとします。

◇授業の工夫点

・「行動科学の考え方」を生かし、将来の夢と健康との関わりについて「自分事」と捉えさせ、健康の大切さや健康を損なうことの「重大性」に気づかせます。

・健康によい生活の仕方について話し合い、学習した知識をもとに、自分の生活習慣の課題を見つけ、改善するための具体的な方法を考えます。

・友達と生活習慣の課題の解決方法についてアドバイスし合うことで、課題解決への「自己効力感」を高め、「意思決定」へとつなげます。

学習活動「健康ってどんなこと」の流れ

学習活動	指導上の留意点・児童の反応・資料
1「健康」と将来の生活について話し合う。 キリオくんの将来の夢は、フィギュアスケートの選手になることです。今からどんなことに気をつけたらいいですか？	架空の主人公「キリオくん」の将来の夢と、そのために、子どものときから努力することを考えさせ、将来の夢を実現するためには健康が大切なことに気づかせる。 ・スケートの練習をする！ ・ダンスの練習をする！ ・体を鍛える！　健康な体かな？　  **アプローチ1［興味・関心］（12ページ）** 将来の夢の実現と健康との関わりに気づき、健康な生活について学習することへの「興味・関心」を高めます。
2 自分の将来の生活を想像し、健康の大切さに気づく。 みなさんの夢はどんなことですか？	自分たちの将来の夢を発表させ、その夢と将来の健康状態の関係について具体的に考えさせる。 ☆今だけではなく、将来も健康でいないと自分の夢もかなえられないと気づかせ、「健康について学習しよう」という意欲を高める。 ☆保健では生涯にわたって健康に生活するための学習をしていくことを知らせる。 ・お花屋さんになる ・サッカー選手 ・野球選手 ・お医者さん　など　  **アプローチ2［価値観（自分事）］（14ページ）** 自分たちの将来の夢も、健康と深く関わっていることに気づき、自分事と捉えさせます。

学習活動	指導上の留意点・児童の反応・資料
3「健康」とはどんなことかを話し合う。 どんなキリオ君が、「健康」なのでしょうか？ グループで意見を出し合いましょう。	「健康」とはどんな状態を言うのか、ブレインストーミングをする。 ☆「ブレインストーミングの約束」を確認する。 ☆健康とは、「病気ではないことだけではなく、元気に生き生き生活でき、心も元気であること」に気づかせる。 ☆体に障害があったり、視力が悪かったりする子がいる場合があるので、働きが人と違う体の人がいても、元気に生き生き生活できていれば「健康」と言えることを確認する。 ◎ブレインストーミングの約束 ◇テーマについてたくさん考えを出して、1つずつカードに書きます。 ◇友達の考えに反対しないようにします。 ◇前に出た意見と同じ意見は出しません。 ◇友達の考えを聞いて、思いついたことでもいいです。 ◇多く考えを出せたグループが勝ちです。 ・病気じゃない　・かぜをひいていない　・元気に運動できる ・好き嫌いなく食べている　・むし歯がない　・目がいい ・けがをしていない　・清潔にしている　・仲よく遊べる ・心が元気　・勉強に集中できる　・疲れていない
4 健康には、主体的要因と環境的要因が関わっていることに気づく。 健康でいられるかどうかには、どんなことが関わっているのでしょうか。	3で出された意見から、健康には主体的要因と環境的要因が関わっていることに気づかせる。 私たちの体や心 　バランスよく食べる 　運動する 　早起き早寝 　手洗い・うがい 　体の清潔 　病気を防ぐ 　仲よく 身の回り 　部屋を明るく 　温度 　きれいな空気 ☆児童の意見は、主体的要因と環境的要因に分けて板書する。 ☆環境的要因についての意見が多く出るように支援する。 ☆毎日を健康に過ごすには、食事・運動・休養や睡眠などの生活習慣を整え、部屋の明るさや温度に気をつけるなどの、身の回りを整えることが必要であることに気づかせる。

学習活動	指導上の留意点・児童の反応・資料
5 学習のまとめをワークシートに記入し、発表する。 今日の学習でわかったことをワークシートに記入しましょう。 	授業の感想や学習したことをワークシートに書かせ、何人かに発表させる。 ・たくさん運動をしたり、好き嫌いなく食べたりすることが大切だとわかりました。 ・私は体育のほかはあまり運動をしていないので、休みの日は早く起きて運動をしようと思いました。 ・今日の学習で、健康はすごく大事なもので、僕たちはそれを守らなくちゃいけないとわかりました。 ☆学習した内容から、「健康でいないと将来の夢が実現できない」「生活習慣を改善しないとまずい」といった意見を取り上げ、生活習慣改善について学習する意欲を高める。 ☆次回までに元気度チェックカードを記入しておくように指導する。 アプローチ5 ［決意］（28 ページ） 学習したことをもとに、健康な生活を送ろうとする決意を引き出します。

指　導　案

（1）本時のねらい

○心や体の健康には、主体的要因と環境的要因が関わっていることについて、言ったり書いたりできるようにする。　　　　　　　　　　　　　　　　＜知識＞

○将来の生活と健康の関わりについて、関心を持ち、自分の考えを発表したり、友達の意見を聞いたりすることができる。　　　　　＜主体的に学習に取り組む態度＞

（2）準備

・資料（ブレインストーミングの約束）　　・ワークシートの作成

・メモ用紙

（3）展開

学習活動	指導上の留意点	資料
1「健康」と将来の生活について話し合う。 キリオくんの将来の夢は、スケート選手になることです。今からどんなことに気をつけたらいいですか？	・架空の主人公の将来の夢と、そのために子どもの頃から努力することを考えさせ、将来の夢の実現には健康が大切なことに気づかせる。	ワークシート
2 自分の将来の生活を想像して健康の大切さに気づく。 みなさんの夢はどんなことですか？	・自分たちの夢を発表させ、その夢と将来の健康状態の関係について具体的に考えさせる。 ・今だけではなく将来も健康でいないと自分の夢もかなえられないという危機感を与え、「健康について学習しよう」という意欲を高める。 ・保健学習では生涯にわたって健康に生活するための学習をすることを知らせ、保健学習の導入とする。	ワークシート

3「健康」とはどんなことかを話し合う。	・ブレインストーミングの手順を知らせる。	資料（ブレインストーミングの約束）
・「健康」とはどんな状態を言うのか、ブレインストーミングをする。	・健康とは、「病気ではないことだけではなく、元気に生活でき、心も元気であること」に気づかせる。	
どんなキリオくんが、「健康」なのでしょうか？ グループで意見を出し合いましょう。	・体に障害があったり、視力が悪かったりする子がいる場合があるので、体の働きが人と違う人がいても、元気に生活できていれば「健康」と言えることを確認する。	メモ用紙
4 健康には、主体的要因と環境的要因が関わっていることに気づく。	・3で出された意見から、健康には主体的要因と環境的要因が関わっていることに気づかせる。	
健康でいられるかどうかには、どんなことが関わっているのでしょうか。	・児童から出された意見は、主体的要因と環境的要因に分けて板書する。環境的要因について多く意見が出るように支援する。 ・毎日を健康に過ごすには、食事・運動・休養や睡眠などの生活習慣を整え、体を清潔にして、部屋の明るさや温度など身の回りを整えることが必要であることに気づかせる。	
5 学習のまとめをワークシートに記入し、発表する。	・授業の感想や学習したことをワークシートに書かせ、何人かに発表させる。	ワークシート
今日の学習でわかったことをワークシートに記入しましょう。	・「健康でいないと将来の夢が実現できない」「生活習慣を改善しないとまずい」などの意見を発表させ、生活習慣改善について学習する意欲を高める。 ・次回までに元気チェックカードを記入しておくように指導する。	

ワークシート・掲示資料（ＣＤ－ＲＯＭ収録）

（CD-ROM の「02_kenkou」フォルダに入っています。＜＞はファイル名です）

ほけん学しゅう
けんこうってどんなこと
３年　　　組　名前

1　しょうらいのゆめについて考えましょう。

キリオくん

しょうらいのゆめ
スケートせんしゅになる！

わたし・ぼく

しょうらいのゆめ
（　　　　　　　　　）になる！

2　「けんこう」とはどんなことを言うのか書きましょう。

3　今日の学しゅうでわかったことを書きましょう。

ワークシート
<1_worksheet.pdf(docx)>

ワークシート・掲示資料（CD-ROM収録）

（CD-ROM の「02_kenkou」フォルダに入っています。< > はファイル名です）

☆ブレインストーミングのやくそく☆

◇ テーマについてたくさん考えを出して、1つずつ
　 カードに書きます。

◇ 友だちの考えにはんたいしないようにします。

◇ 前に出したい見と同じい見は出してはいけません。

◇ 友だちの考えを聞いて、思いついたことでもいいです。

◇ 一番多く考えを出せたグループのかちです。

資料（ブレインストーミングの約束）
<2_shiryou.pdf(docx)>

元気チェックカード　　3年　　組　　番 名前

1 自分の生活のしかたをしらべてみましょう。

記入した日　月　日（　）				
き の う	①うんどうや外あそびはしましたか？	はい・いいえ	きのう	⑥きのうは何時にねましたか？	時　分
	②おふろに入りましたか？	はい・いいえ		⑦朝、何時におきましたか？	時　分
	③食じの前に手をあらいましたか？	はい・いいえ	今 日	⑧朝、自分で目がさめましたか？	はい・いいえ
	④食後に歯をみがきましたか？	はい・いいえ		⑨朝ごはんをしっかりと食べましたか？	はい・いいえ
	⑤すききらいなく食じを食べましたか？	はい・いいえ		⑩朝、うんちをしましたか？	はい・いいえ

2 1日の生活の中で、「ねむっていた時間：青」、「うんどうしていた時間（体いくや外あそびなど）：黄色」、
「食じをしていた時間：赤」で、色をぬりましょう。

月　日（　曜日）	午前 5 6 7 8 9 10 11 12	午後 1 2 3 4 5 6 7 8 9 10 11 12	午前 1 2 3 4

元気チェックカード
<3_genki.pdf(docx)>

70

学習活動「元気大作せんをしよう」の流れ

学習活動	指導上の留意点・児童の反応・資料
1 ケーススタディを行い、生活と体調の関係について話し合う。 保健室の先生になったつもりで、キリコさんにアドバイスをしてあげましょう。 ・体調を崩した原因とアドバイスを個々にワークシートに記入させる。 ・グループで児童役と養護教諭役を決め、ケーススタディをする。	体調を崩して保健室に訪れた子どもと養護教諭の場面を想定し、「体調を崩した原因」と「養護教諭のアドバイス」をワークシート①に記入させる。 ・11時なんて、寝る時間が遅いよ！ ・朝ごはんが牛乳だけなんて足りないよ！ ・起きたのが遅いからいけないんだよ。 ・宿題は先にやった方がいいよね。  ☆ワークシートに書かれた主人公の生活習慣から、体調不良の原因は「睡眠不足」や「不十分な朝食」などの健康によくない生活習慣にあることに気づかせる。 ☆毎日健康に過ごすために、生活習慣を整えるように促す養護教諭のアドバイスを考えられるように支援する。 **アプローチ1［興味・関心］（12ページ）** 体調不良と不規則な生活習慣の関係に気づき、健康な生活について学習することへの興味・関心を高めます。
2 前時の学習を想起し、健康な生活のために必要なことを話し合う。 毎日を健康に過ごすのに大切なことをまとめましょう。	健康な生活のためには食事や運動、休養や睡眠の調和のとれた生活が必要であることについて意見を出させる。 **バランスよく食べる** 食べ物に含まれる栄養が、体をつくったり、元気に運動する力のもとになる。 **運動をする** 骨や筋肉が丈夫になる。身長や体重がバランスよく成長する。 **眠る、休む** 疲れを取って、元気に体を動かしたり学習したりする力を取り戻す。 ☆食事、運動、睡眠などが関わり合っていることに気づいている意見があったら取り上げる。

学習活動	指導上の留意点・児童の反応・資料
3 自分の生活習慣の課題を考える。 　自分の生活の仕方で、直した方がよいところを考えましょう。 ・自分の生活習慣の課題を見つけてワークシート②に書く。 ・発表する。	「元気チェックカード」（70ページ）の結果から、自分の生活習慣の中で、改善したいことを具体的に考え、ワークシートに記入させ、発表させる。 ・僕は寝る時間が遅い。早く寝なくちゃ。 ・僕は好き嫌いが多い。野菜を食べないと……。 ・外で遊ぶ時間がない。時間があってもゲームで遊んじゃう。 ☆児童の発言を、主な課題ごとに分けて板書する。 ☆課題を具体的な表現で発表できるように支援する。 **アプローチ2 ［価値観（自分事）］（14ページ）** 元気チェックカードを用いることで、生活習慣の課題を自分事として捉えさせます。
4 主な生活習慣の課題を解決する具体的な方法について話し合う。 　生活の仕方を直すにはどうしたらいいかを考え、アドバイスし合いましょう。	自分の課題や友達の課題について、具体的な解決方法をアドバイスし合う。 ☆「好き嫌い」「睡眠不足」「運動不足」の3つを主な課題とし、具体的な解決方法について意見を出させて、課題の下に板書する。 （板書のイメージ） ■やさいいやくん、すききらいさんへのアドバイス ・嫌いなものは、細かく切って料理に入れてもらう。 ■ねむおくん、あくびちゃんへのアドバイス ・学校から帰ったら、やらなくてはならないことを早く済ませる。 ・遅い時間のテレビは、録画して休みの日に見る。 ■うごくのいや子さん、ゲームいのちくんへのアドバイス ・ゲームの時間を決める　・なわとびカードをつくってがんばる。 **アプローチ4 ［自己効力感］（22ページ）** 課題をうまく解決している児童の発表を聞かせることで「自分もうまく解決できる」という自己効力感を高めます。 **アプローチ6 ［社会的サポート］（32ページ）** 友達の課題の解決方法を聞き、自分でもできそうな方法を考えるなどのサポートを活用します。

学習活動	指導上の留意点・児童の反応・資料
5 自分の課題を解決する方法をワークシート②に書く。 友達のアドバイスをもとに、生活の仕方を見直す方法を書きましょう。	自分の課題を解決するための具体的な方法を考えさせる。 ☆4で話し合ったことを参考に、自分の課題を解決する方法（作戦）を考え、ワークシート②に記入するよう指導する。 例＜なおした方がよいところ＞…ねる時間がいつも10時ごろになっちゃうので、9時半にはベッドに入るようにする。 例＜なおすためのさくせん＞…家に帰ったら、すぐに宿題をやって、夕食後、すぐにおふろに入る。9時20分にはテレビを消してくれるようお母さんにたのむ。
6 学習のまとめをする。 今日の学習でわかったことを書きましょう。	授業の感想や学習したことを書かせ、何人かに発表させる。 ☆自分の生活習慣の課題を解決する意思決定ができるように支援する。 アプローチ5［決意］（28ページ） 学習したことをもとに、健康な生活を送ろうとする決意を引き出します。 私はにんじんがきらいだけど、お母さんに小さく切ってもらい、料理に入れてもらうように頼みます。そうすれば、おかずを残さないで食べられると思います。 ぼくは寝る時間を早くしたいので、学校から帰った後、寝るまでの順番を整理して、ふとんに入る時間を早くしようと思います。

指　導　案

（1）本時のねらい

○毎日健康に過ごすために、食事、運動、休養及び睡眠の調和のとれた生活が必要であることについて、言ったり書いたりできる。 ＜知識＞

○健康によい生活の仕方について、自分の生活を振り返って課題を見つけ、解決方法を考え、書くことができる。 ＜思考・判断・表現＞

（2）準備

・「元気チェックカード」の作成、記入指導

（3）展開

学習活動	指導上の留意点	資料
1 ケーススタディを行い、生活の仕方と体調の関係について話し合う。 保健室の先生になったつもりで、キリコさんにアドバイスしてあげましょう。 ・体調を崩した原因とアドバイスをワークシート①に記入させる。 ・グループで児童役と養護教諭役を決め、ケーススタディをする。	・体調を崩して保健室に訪れた主人公と養護教諭の場面を想定し、「体調を崩した原因」と「養護教諭のアドバイス」をワークシート①に記入させる。 ・ワークシート①に書かれた主人公の生活習慣から、体調不良の原因は「睡眠不足」や「不十分な朝食」などの健康によくない生活習慣にあることに気づかせる。 ・毎日健康に過ごすために、生活習慣を整えるように促す養護教諭のアドバイスを考えられるように支援する。	ワークシート①
2 前時の学習を想起し、健康な生活のために必要なことを話し合う。 毎日を健康に過ごすのに大切なことをまとめましょう。	・健康な生活のためには、栄養バランスのよい食事や適度な運動、十分な栄養や睡眠が大切であることに気づかせる。 ・食事、運動、睡眠などが関わり合っていることに気づいている意見があったら取り上げる。	

3 自分の生活習慣の課題を考える。 　自分の生活の仕方で、直した方がよいところを考えましょう。 ・自分の生活習慣の課題を見つけてワークシートに②に書き、発表する。	・「元気チェックカード」の結果から、自分の生活習慣で改善したいことを考え、ワークシート②に記入させ、発表させる。 ・「睡眠不足」「好き嫌いが多い」などの抽象的な捉え方ではなく、「野菜が嫌い」「寝る時刻が遅い」などの具体的な表現で発表するように支援する。 ・児童の発言を、「食事」「運動」「休養・睡眠」の主な課題ごとに分けて板書する。	元気チェックカードワークシート②
4 主な生活習慣の課題を解決する具体的な方法について話し合う。 　生活の仕方を直すにはどうしたらいいかを考え、アドバイスし合いましょう。	・「好き嫌い」「睡眠不足」「運動不足」の3つを主な課題とし、課題を解決する具体的な解決方法について意見を出させて、課題別に板書する。 ・自主的に改善しようとしている児童がいたら、発表するように促す。 ・課題をうまく解決している児童の発表を聞かせることで、「自分もうまく解決できる」という自己効力感を高める。	
5 自分の課題を解決する方法をワークシート②に書く。 　話し合いをもとに、自分の生活の仕方を見直す方法を書きましょう。	・4で話し合ったことを参考に、自分の課題の解決方法を考え、ワークシート②に記入させる。 ・「バランスよく食べる」とか「早寝早起きをする」などの抽象的な表現ではなく、「色の濃い野菜を一口食べる」「9時までに布団に入って電気を消す」などの具体的な行動目標を考えるように支援する。	ワークシート②
6 学習のまとめをする。 　今日の学習でわかったことを書きましょう。	・授業の感想や学習したことをワークシート②に書かせ、何人かに発表させる。 ・自分の生活習慣の課題を解決する意思決定ができるように支援する。	ワークシート②

ワークシート・掲示資料（ＣＤ－ＲＯＭ収録）

（CD-ROM の「02_kenkou」フォルダに入っています。＜＞はファイル名です）

ワークシート①

ほけん学しゅう

元気大作せんをしよう

3年　　組　名前

1 ある日のほけん室でのお話です。ほけん室にやってきたキリコさんと生活のしかたの先生のことばを考えましょう。

キリコさんはくあいがわるくなって、ほけん室にやってきました。ほけんの先生は、キリコさんに体のようすと生活のしかたを聞きました。

☆キリコさんの体のようす

頭がいたい　ふらふらする　べんきをようがすすまない（ねつ：なし）

☆生活のしかた

きのうねた時ごく	午後 11 時 30 分	今朝、おきたじこく	午前 7 時 15 分
朝ごはん	時間がなかったので、牛にゅうだけをのんだ。		
きのうのすごし方	学校から帰ってから、ダごはんまでゲームをしていた。ダごはんの後は、テレビを見ていた。しゅくだいがあるのを思い出して、11 時までやっていた。		

先生　頭がいたくてふらふらするんです。

◆ほけんの先生のくぶわるくなった原いんは、

（1）

　　　　　　　　　　　だからですね。

（2）元気に生活するために

　　　　　　　　　　　に、気をつけましょう。

ワークシート①
＜4_worksheet1.pdf(docx)＞

ワークシート②

2 自分の生活の目ひょうを考えましょう。

（1）元気チェックカードのけっかから、自分の生活のしかたで、直したほうがよいと思うことはどんなことですか。

わたしが直したいこと

例：夜、ねる時間が10時ごろになってしまって、おそい。

（2）（1）をどのように直したいですか。

こうしたい！（目ひょう）

例：夜は９時半ごろねる。

（3）（2）のためには、どうくぶうしたらよいでしょうか。自分で考えたり、友だちと話し合ったりして、くだいせきに書きましょう。

健康な生活のための作せん

例：9時半になったら、ふとんに入って、でんきをけす。

3 学しゅうしてわかったことや思ったことを書きましょう。

ワークシート②
＜5_worksheet2.pdf(docx)＞

行動変容を引き出す実践③
学級活動 「チャレンジカードでがんばろう」
対象：小学3年生　2時間

☆単元の内容（新学習指導要領より）

　小学校学習指導要領解説（特別活動編）によると、学級活動(2)では「ウ　心身ともに健康で安全な生活態度の形成」として、現在及び生涯にわたって心身の健康を保持増進することができるようにするとされています。また、児童一人ひとりが自らの学習や生活の目標を決めて、その実現に向けて取り組めるものであること、また、自分から進んで学び、自分の生活上の課題を見いだし、よりよく解決するための活動であるとされています。そのため、保健（体育科保健領域）で獲得した「健康に生活するためには，食事・睡眠・運動などの生活習慣を整える必要がある」という知識を活用しつつ、様々な考え方や技法を活用して行動変容にチャレンジする活動としました。

◆授業のねらい

　＜1時間目＞「チャレンジ目標を考えよう」

　○「思考・判断・表現」の観点からは、自分の生活習慣の課題を解決するために、自分の生活を振り返り、目標や方法を考え、書くことができることをねらいとします。

　○「主体的に学習に取り組む態度」の観点からは、食事、運動、休養及び睡眠などの生活の仕方と健康の関わりについて、進んで課題を見つけようとすることができることをねらいとします。

　＜2時間目＞「チャレンジカードでがんばろう」

　○「知識」の観点からは、生活習慣を改善するためには、よい目標を立てて取り組んだり、家族や友達のサポートを活用したりするとよいことを理解できることをねらいとします。

　○「主体的に学習に取り組む態度」の観点からは生活習慣を改善するための目標設定に、進んで取り組むことができることをねらいとします。

◇授業の工夫点

　児童の発達段階に合わせて「目標設定」や「問題解決」のスキル、「セルフモニタリング」などを取り入れ、家族や友達、教師の「サポート」を活用しながら、2時間計画で学習を進めます。変化の「ステージ」モデルの考え方では準備期～実行期～維持期の段階になります。

学習活動「チャレンジ目標を考えよう」の流れ

学習活動	指導上の留意点・児童の反応・資料
※事前の活動	☆事前に「元気チェックカード」を家で記入してくるよう指導する。
1 毎日を健康に過ごすには生活の仕方に注意する必要があることを想起する。 毎日を健康に過ごすために必要なことを発表してください。	保健学習などで学んだことから、毎日を健康に過ごすためには生活の仕方に気をつける必要があることを想起させる。 ・栄養のバランスよく食べること！ ・早起き早寝！ ・運動不足にならないようにする！ アプローチ2［価値観（重要性）］（14ページ） 前時の学習を想起させ、健康な生活を送ることの大切さについての「価値観」を高めます。
2 元気チェックカードを見て、自分の生活の仕方を振り返る。 生活の仕方を振り返ってカードを書きましょう。	☆自分の生活を振り返り、健康な生活を送るために目標を立てる学習であることを知らせる。 元気チェックカードを見て、自分の生活の仕方で直す必要があるのはどんなことかを考えさせる。 ☆食事・運動・睡眠別に、自分の生活の直すべき点を考えさせる。 ・運動の時間が短いな。 ・自分で寝て、自分で起きなくちゃ！ ・食べ物の好き嫌いが多い。野菜を食べないと……。
3 チャレンジ目標の上手な立て方について話を聞く。 上手に目標を立てて、生活の仕方を整えましょう。	自分の生活の整えるために、チャレンジ目標を立てることを知らせる。 ☆上手な目標を立てるコツについて、資料①を提示して指導する。 ・「にんじんを残さない」「夜9時までに寝る」「朝6時に起きる」「ゲームは30分まで」など、具体的な目標にしてね。 ・簡単すぎる目標では、元気アップになりませんね。 ぼくは、ねるのがいつも11時ごろになっちゃう。 だから、いつも朝、ねむくて起きるのがたいへん… できるようになりたいこと **夜、早くねる** **1 守りやすい目ひょうにしよう！** ①ぐたいてきな目ひょう ②ちょっとがんばればできる目ひょう ③みじかい時間でできることから1つずつ これならできそうだ！ チャレンジ目ひょう **夜は 9時までに ふとんに入って電気を消す** 資料①（目標の立て方の例） （CD－ROM 収録）

学習活動	指導上の留意点・児童の反応・資料
（1）上手な目標の立て方を知る。	☆「具体的な目標」「ちょっと努力すれば達成できる目標」「短い時間でできることから始める」など、目標設定のコツを指導する。 ①運動の目標が難しい！ ②食事の目標が立てられない……。好き嫌いが多いから……。 ①「マラソン大会で１人抜く」なんてどう？ ②「嫌いな物を、一口食べる」でもいいんじゃない？ アプローチ５［決意（目標設定スキル）］（31ページ） 生活習慣の問題を解決するための上手な目標の立て方を学び、生活習慣の課題を解決する意欲を高めます。
（2）食事、運動、休養や睡眠について１つずつの目標と、目標を守るための作戦をカードに記入する。 ・目標を記入する。 自分のチャレンジ目標を考えて、カードに書きましょう。	食事、運動、睡眠・休養について、それぞれ１項目、個々の課題を目標化してチャレンジカード①に記入するように指導する。 ☆自分の生活習慣の課題を具体的な目標にしてチャレンジカード①に記入させる。 ☆好き嫌いや寝る時刻、起きる時刻、ゲームをする時間などについては、具体的な達成目標が設定できるように例示する。 ☆実行不可能な目標や簡単過ぎる目標とならないように支援する。
・目標を守るための作戦を考える。 チャレンジ目標を守るには、どんなことを工夫したらいいか、作戦を考えましょう。	目標を達成するために必要な手立てや作戦を、具体的に「作戦」として、チャレンジカード②に書くように指導する。 ①これ以上早く寝るのは無理だと思う……。 ②色の濃い野菜が嫌い。きっと食べられない……。 ①寝る前にやることを工夫してみて！ ②味つけを変えたり、細かく切って料理に入れたりしてもらうのは？	☆作戦例を掲示する（資料②）。 ☆生活習慣の問題は、食事・睡眠・運動などが関わり合っていることが多く、ひとつの課題を解決するためには、ほかの課題も解決する必要があるなど、生活習慣の調和を考える必要があることに気づかせる。

学習活動	指導上の留意点・児童の反応・資料
	☆生活習慣の問題は、家庭生活の影響が大きいため、家族のサポートを得る必要があることに気づかせる。 アプローチ6［社会的サポート］（32ページ） 生活習慣の改善には、家族のサポートが必要なことに気づかせます。
4 チャレンジカードの活用法を知る。 チャレンジ目標が守れたかどうかを、毎日チャレンジカード①に記入しましょう。	チャレンジ目標を達成するため、チャレンジカード①と②を活用して取り組むことを知らせる。 ☆毎日、チャレンジ目標を守れたかを記録するカードであることを知らせる。 ☆カードの記入方法や得点の計算、金賞・銀賞・銅賞の評価の仕方を知らせる。 アプローチ5［決意］（28ページ） チャレンジカードを記入し、評価の仕方を知ることで、自分で立てた目標を守り、健康な生活を送る決意を引き出します。
5 学習のまとめをする。 今日の学習でわかったことや感じたことを発表してください。	チャレンジ目標を達成して金賞をとれば、体が健康になることに気づかせ、目標達成に努力しようとする意欲を引き出す。 ☆児童が主体的に、チャレンジ目標を守って行動変容に取り組む意欲を持つことができるように支援する。
※事後の活動	☆1週間チャレンジカードを実践する。

指　導　案

（1）本時のねらい

○自分の生活習慣の課題を解決するために、自分の生活を振り返り、目標や方法を
　考え、書くことができる。　　　　　　　　　　　　　　　　　　　＜思考・判断・表現＞
○食事、運動、休養及び睡眠などの生活の仕方と健康の関わりについて、進んで課
　題を見つけようとすることができる。　　　　　　　　＜主体的に学習に取り組む態度＞

（2）展開

学習活動	指導上の留意点	資料
《事前の活動》	・元気チェックカードを家で記入してくるように指導する。	元気チェックカード
1 毎日を健康に過ごすには生活の仕方に注意する必要があることを想起する。 毎日を健康に過ごすために必要なことを発表してください。	・保健との関連から自分の生活を振り返り、健康な生活を送るために目標を立てる学習であることを想起させる。	
2 元気チェックカードを見て、自分の生活の仕方を振り返る。 カードを書いて、生活の仕方を振り返りましょう。	・元気チェックカードを見て、自分の生活の仕方で直す必要があるのはどんなことかを、食事・運動・睡眠別に考えさせる。	元気チェックカード

3 上手なチャレンジ目標の立て方について話を聞く。 上手に目標を立てて、生活の仕方を整えましょう。 （1）上手な目標の立て方を知る。	・自分の生活の仕方を整えるために、チャレンジ目標を立てることを知らせる。 ・上手に目標を立てるコツについて、資料を提示して指導する。 ・「具体的な行動目標」「ちょっと努力すれば達成できる目標」「短い期間で結果がわかる目標」など、自己効力感を高めるような目標設定のコツを指導する。	資料①
（2）食事、運動、休養や睡眠について1つずつの目標と、目標を守るための作戦をカードに記入する。 ・目標を記入する。 自分のチャレンジ目標を考えて、カードに書きましょう。	・食事、運動、睡眠・休養について、それぞれ1項目ずつ、個々の課題を目標化して、チャレンジカード①に記入するように指導する。 ・好き嫌いや寝る時刻、起きる時刻、ゲームをする時間などについては、具体的な達成目標が設定できるように例示する。 ・実行不可能な目標や簡単過ぎる目標とならないように支援する。	チャレンジカード①
・目標を守るための作戦を考える。 チャレンジ目標を守るには、どんなことを工夫したらいいか、作戦を考えましょう。	・目標を達成するために必要な具体的な手立てや工夫を「作戦」として、チャレンジカード②に書くように指導する。 ・食事・睡眠・運動などの問題は関連しており、ひとつの課題の解決には、ほかの課題を先に解決する必要があるなど、生活習慣の調和を考える必要があることに気づかせる。 ・生活習慣の問題は、家庭生活の影響が大きいため、家族のサポートを得る必要があることに気づかせる。	資料② チャレンジカード②

4 チャレンジカードの活用法を知る。 チャレンジ目標が守れたかどうかを、毎日チャレンジカード①に記入しましょう。	・毎日、チャレンジ目標を守れたかどうかを記録するカードであることを知らせる。 ・カードの記入方法や得点の計算、金賞・銀賞・銅賞の評価の仕方を知らせる。 ・チャレンジ目標を達成して金賞をたくさんとれば、体が健康になることに気づかせ、目標達成に努力しようとする意欲を引き出す。	チャレンジカード①
5 学習のまとめをする。 今日の学習でわかったことや感じたことを発表してください。	・児童が主体的に、行動変容に取り組む意欲を持つことができるように支援する。	
《事後の活動》	☆1週間チャレンジカードを実践する。	

ワークシート・掲示資料（CD－ROM収録）

（CD-ROM の「03_challenge」フォルダに入っています。＜＞はファイル名です。）

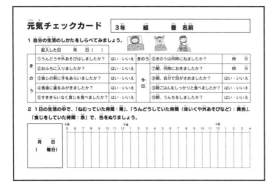

元気チェックカード
<1_genki.pdf(docx)>

資料①（目標の立て方の例）
<2_shiryou1.pdf(docx)>

チャレンジカード①
<3_challenge1.pdf(docx)>

チャレンジカード②
<4_challenge2.pdf(docx)>

2 守るための作せんを考えよう

どうすれば早くねられるのかな？
ねる前にやっていることはなんだろう？
☆いつもは、学校から帰ったら、
　まずおやつ→ゲーム→テレビ→ごはん
　→テレビ→しゅくだい→おふろ…

そうか！
○ しゅくだいを早くやっておこう
○ おそくまでテレビを見たり、ゲームを
　したり、しないようにしよう
○ おふろに早く入るようにしよう

これで、もうだいじょうぶ！

資料②（作戦の立て方の例）
<5_shiryou2.pdf(docx)>

学習活動「チャレンジカードでがんばろう」の流れ

学習活動	指導上の留意点・児童の反応・資料
1 ケーススタディをする。 友達のキリオくんに、チャレンジ目標の守り方を教えてあげましょう。	生活習慣を改善するためにセルフモニタリングをしている場面のケーススタディを行う。 ☆「寝る時刻を早める」目標を例にとり、宿題やテレビ、ゲームなど、寝るまでの行動を調整する方法を具体的に考えさせる。 ☆生活習慣の改善に取り組む上で、予想される問題の解決を体験することで、自己効力感を高める。 
2 生活習慣の改善に努力する過程でどんな有益性と障害が出てくるかを話し合う。 目標を守ろうとするとき、どんないいことや大変なことが出てくると思いますか？ ・ワークシートに書き出す。 ・グループで話し合う。	「夜は9時までにふとんに入って電気を消す」を例にとり、その改善に取り組む上でどんないいことや大変なこと（問題）が出てくるかを予想させ、その解決策を考えさせる。 「夜は9時までにふとんに入って電気を消す」 （下記の表を参照） ☆大変なこと（問題）の解決方法をたくさん見つけられるように、話し合いを支援し、問題解決能力を高める。 アプローチ8［問題解決］（40ページ） 予想される様々な問題の良い解決方法をたくさん見つけられるように話し合い、問題解決能力を高めます。

いいこと	たいへんなこと（もんだい）
・ねむる時間が長くなる。 ・朝、すっきりと起きられる。 ・次の日、元気に運動したり勉強したりできる。 ・朝ごはんをおいしく食べられる。	・宿題をする時間がなくなる。 ・おそい時間にやる好きなテレビが見られない。 ・ゲームをする時間がなくなる。

・宿題は学校から帰ったらすぐにやるといいね。
・テレビは録画すればいいよ。
・次の日、元気に過ごせるのはとても大事だよ。

学習活動	指導上の留意点・児童の反応・資料
3 グループでチャレンジ目標と作戦を発表し、お互いにアドバイスし合う。 グループでチャレンジ目標や作戦を発表しましょう。	グループでチャレンジ目標を発表し合い、実現するための手だてについて、自分の経験をもとにアドバイスし合う。 ☆グループ全員がチャレンジ目標と作戦を発表する。 ☆同じような課題を友達が上手に解決している例を聞くことで、課題解決への自己効力感を高める。 ・カボチャが嫌いだけど、「食べると便秘が治るよ！」ってＡさんが教えてくれたので、チャレンジしようと思った。 ・テレビを遅くまで見ちゃうなら、「お母さんに時間を過ぎたら消してと頼めばいい」と、Ｂくんが教えてくれた。
・友達のチャレンジ目標や作戦にアドバイスをする。 友達がチャレンジ目標を守れるようにアドバイスをしてあげましょう。	☆友達のチャレンジ目標や作戦に対して、自分の経験などを生かしてお互いにアドバイスをさせる活動を行う。 ☆「具体的な目標」「ちょっと努力すれば達成できる目標」「短い期間でできる目標から始める」など、前時で学習した目標設定のコツや家族の協力を得るといいことを想起させ、友達の目標にアドバイスをするように指導する。 **アプローチ4 ［自己効力感］（22ページ）** 主人公の課題の解決方法を体験したり、友達の課題解決方法を聞いたりすることで、生活習慣の課題解決への自己効力感を高めます。 **アプローチ6 ［社会的サポート］（32ページ）** 自分の経験などを生かして、友達とお互いにアドバイスし合います。
・話し合ったことを参考に、自分の目標と作戦を修正・決定する。 話し合ったことを参考に、目標と作戦を仕上げましょう。	アドバイスをもとに、チャレンジ目標と作戦を修正し、決定させる。 はじめは、「バランスよく食べる」を目標にしたけど、もっと具体的な方がいいって友達が言ったので、「野菜を5口、必ず食べる」を目標にしました。

学習活動	指導上の留意点・児童の反応・資料
4 グループごとに、自分の目標と作戦を伝え、守ることを宣言する。 決めた目標や作戦を守ることを、グループで宣言しましょう。	決定したチャレンジ目標と作戦を守る決意をグループ内で伝え合う。 ☆決定したチャレンジ目標を守る決意をグループ内で発表し合うことで実践の意欲を高める。 自分で決めたチャレンジ目標を守れたら、続けられるようにしたい。 アプローチ5［決意］（28ページ） グループ内で修正・決定したチャレンジ目標・作戦と、それを守る決意を発表し合い、実践する意欲を高めます。
5 学習のまとめをする。 今日の授業で、わかったことや感じたことを発表してください。 おうちの人に手伝ってもらいながら、チャレンジしましょう。 ・家庭でサポートを受けることについて話を聞く。	授業の感想や学習したことを何人かに発表させる。 僕のチームは、家族の力を借りるといいと考えました。ドッジボールの練習だったらお父さんの力を借り、早く寝たいのなら、お母さんに言ってごはんを早めることもできるからです。もちろん、自分でできることはどんどんやります。 家庭に持ち帰り、家族と目標を確認するように指導する。 ☆家族と話し合った結果、目標を修正できることを知らせる。 ☆家族に毎日のチャレンジを見届けてサインをしてもらうことや、1週間のチャレンジが終わったらコメントを記入してもらうように指導する。 ☆学級通信などを活用して、家族からの社会的サポートが得られるように、協力を求める。 アプローチ6［社会的サポート］（32ページ） チャレンジカードを家族に見せ、目標を守って生活することを伝えて協力を求めます。目標は家族と相談して修正し、実践を家族に見届けてもらいます。
※事後の活動	☆1週間チャレンジカードを実践する。

指　導　案

（1）本時のねらい

○生活習慣を改善するためには、よい目標を立てて取り組んだり、家族や友達のサポートを活用したりするとよいことを理解できる。　　　　　　　　　　＜知識＞

○生活習慣を改善するための目標設定に、進んで取り組むことができる。

　　　　　　　　　　　　　　　　　　　　　　＜主体的に学習に取り組む態度＞

（2）展開

学習活動	指導上の留意点	資料
1 ケーススタディをする。 友達のキリオくんに、チャレンジ目標の守り方を教えてあげましょう。	・生活習慣を改善するために、セルフモニタリングをしている場面のケーススタディを行う。 ・「寝る時刻を早める」を例に、宿題やテレビなどの寝るまでの行動を調整する方法を具体的に考えるケーススタディを行う。 ・生活習慣改善に取り組む上で、予想される問題の解決を体験することで、自己効力感を高める。	ワークシート
2 生活習慣の改善に努力する過程でどんな有益性と障害が出てくるかを話し合う。 目標を守ろうとする時、どんないいことや大変なことが出てくると思いますか？ ・ワークシートに書き出し、グループで話し合う。	・「夜9時までにふとんに入って電気を消す」を例にとり、目標達成に取り組む上でどんないいことや大変なこと（障害）が出てくるかを予想させ、その解決策を考えさせる。 ・障害より有益性の方がはるかに大きく、障害は解決できることに気づかせ、生活習慣の改善に取り組む意思決定につなげる。	ワークシート

3 グループでチャレンジ目標と作戦を発表し、友達のチャレンジ目標にアドバイスをする。 チャレンジ目標や作戦を発表しましょう。 友達がチャレンジ目標を守れるように、アドバイスをしてあげましょう。	・グループ全員がチャレンジ目標と作戦を発表する。 ・同様の課題を友達が上手に解決している例を聞き、課題解決への自己効力感を高める。 ・友達のチャレンジ目標や作戦に対して、自分の経験などを生かしてアドバイスをさせる。 ・前時の学習を想起させ、家族の協力を得るとよいことなどに気づかせる。 ・「具体的な目標」「ちょっと努力すれば達成できる目標」「短い期間でできる目標から始める」など、前時で学習した目標設定のコツを想起させ、友達の目標にアドバイスをするように指導する。	チャレンジカード①②
・話し合ったことを参考に自分の目標と作戦を修正・決定する。 話し合ったことを参考に、自分の目標と作戦を仕上げましょう。	・アドバイスをもとに、自分のチャレンジ目標と作戦を修正し、決定させる。	
4 グループで自分の目標と作戦を伝え、守ることを宣言する。 決めた目標や作戦を守ることを、グループで宣言しましょう。	・決定したチャレンジ目標を守る決意をグループ内で伝え合うように指導する。 ・決定したチャレンジ目標を守ることを発表し合うことで実践の意欲を高めさせる。	
5 学習したことや感想を発表する。 今日の学習でわかったことや感じたことを発表してください。	・感想や学んだことを何人かに発表させる。	

・家庭の社会的サポートを活用することについて話を聞く。	・家庭に持ち帰り、家族とチャレンジ目標を確認し、必要に応じて目標を修正してもよいことを知らせる。 ・家族に毎日のチャレンジを見届けてサインをしてもらい、1週間のチャレンジが終わったらコメントを記入してもらう。 ・学級通信などを活用して、家族からの社会的サポートが得られるように、協力を求める。	チャレンジカード①
《事後の活動》	☆1週間チャレンジカードを実践する。	

ワークシート・掲示資料（CD−ROM収録）

（CD-ROM の「03_challenge」フォルダに入っています。＜＞はファイル名です）

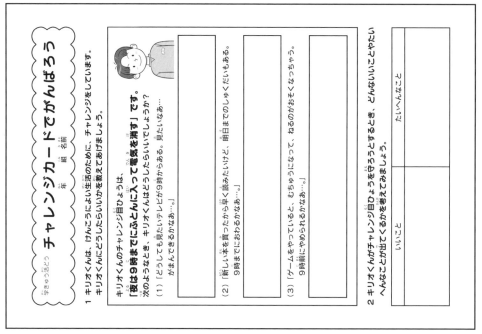

ワークシート（2時間目用）
<6_worksheet.pdf(docx)>

体育（保健領域）「体の発育・発達」
対象：小学4年生　1時間

☆単元の内容（新学習指導要領より）

　　小学校学習指導要領解説（体育編）では、体の発育・発達については、その一般的な現象や思春期の体の変化などについて理解できるようにする必要があるため、身長、体重などを適宜取り上げ、「年齢に伴って変化すること」、「体の変化には，個人差があること」等を理解できるようにすることとしています。
　　また、思考力、判断力、表現力等については、「体がよりよく発育・発達するために，課題を見付け，その解決に向けて考え，それを表現すること」としています。

◆授業のねらい

○「知識・技能」の観点からは、体は年齢に伴って発育・発達すること、及び、発育・発達には個人差があることを理解できることをねらいとします。

○「主体的に学習に取り組む態度」の観点からは、児童が自分の発育・発達の仕方について関心を持ち、進んで学習に参加したり、意見を述べたりすることができることをねらいとします。

◇授業の工夫点

・体格のみではなく、体力、スポーツ、学習、学校生活など、あらゆる側面において、あこがれの存在である6年生の写真を導入で用いて、発育・発達の「価値」を認識させます。

・自分に生じている変化の大きさを実感させ、『今』の「重要性」を認識させます。

・中学3年生（卒業生）の発育・発達の例や、アドバイスをもとに学習と行動への意欲を高めます。

学習活動「年れいとともに体が変わっていく様子を知ろう」の流れ

学習活動	指導上の留意点・児童の反応・資料
1 1年生と6年生の写真を比較し、違いを考える。 1年生と6年生では、どんな違いがあるでしょうか。	1年生の写真と、6年生の写真を比べ、違いの大きさに気づくとともに、発育・発達の素晴らしさや価値を感じ取れるようにする。 ☆4年生は、1年生と6年生のおよそ中間に当たり、大きな変化が起こっている最中であることを認識できるようにする。 ※発達の違いがわかる写真がよい（運動会のときの写真など）。   背が伸びる、足が速くなる、力がつく、下級生のお世話ができる。 　6年生ってすごいですね。みんなにも、素晴らしい6年生になってほしいです。 アプローチ1［興味・関心］（12ページ） アプローチ2［価値観］（14ページ） 1年生と6年生の違いを発表しながら、発育発達について学習することについての「興味・関心」を高めます。また、6年生の姿から、発育発達への期待や「価値観」を高めます。
2 本時のねらいを押さえる。	年齢とともに、体が変化していく様子を学習することを確認する。 1年生と6年生の違いで、一番わかりやすいのは何ですか？ 　背の高さ！ 　では、身長が変わっていく様子を見ていきましょう。

学習活動	指導上の留意点・児童の反応・資料
3 入学時から4年生までの身長の伸び量クイズを行い、自分の身長の発育量を知る。 1年生から4年生までで自分の身長が何cm伸びたか予想してください。 年齢とともに体が変化していくことを「発育・発達」と言います。	自分の体の変化について、驚きを引き出し、自分自身が大きく変化しているという認識を高める。 ☆予想を記入させ、一人ひとりの伸び量に切った紙テープを配布して長さを確認させ、予想と近かった人に拍手を送る。 1年生の身長までしゃがんでみましょう。隣の人がテープを持ってあげて、テープの長さ分だけしゃがめるように声をかけてあげてください。　　こんなに小さかったんだね。すごく伸びた感じがわかる。 ☆1年時からの伸び量を体感できるようにする。 ☆両手を広げた長さも、ほぼ同じくらい伸びていることを伝え、体全体が発育していることを体感させる。 ☆年齢とともに体が変化することを「発育・発達」ということを伝える。 **アプローチ2［価値観（自分事）］（14ページ）** 自分自身の身長の伸びに着目し、発育発達を「自分事として」捉えます。体の動きも加えて五感を用いながら、腑に落ちる理解を引き出します。
4 毎年の発育の特徴と個人差について考える。 テープの印は1年ごとの伸びです。テープを切って、学習カードに貼りつけ、伸び方の特徴を書きましょう。 自分の特徴と、近くの人の特徴を比較し、その違いを書きましょう。	発育・発達には「個人差」があることを知らせるとともに、個人差を肯定的に捉えることができるようにする。 ☆身長は一様に伸びているのではないことに気づくようにする。 ☆年齢とともに体が変化していることに気づかせ、自分の特徴、近くの席の人との違いをワークシートに記入させ、発表する。 僕は3年生のときの伸びがすごいけど、Aさんは1年生のときが一番伸びています。Bくんはどの学年も同じくらいテープが長いけど、僕は学年でかなり違います。 一年一年の変化の積み重ねによって、身長がこんなに伸びているのです。このように、一人ひとりの発育・発達の仕方は同じではありません。このような違いを個人差といい、一人ひとりが持つ特徴です。

93

学習活動	指導上の留意点・児童の反応・資料
5 思春期の身長の発育を知り、将来の発育・発達への見通しを持つ。 小学1年生から中学3年生までの身長の伸び方の例を見て、気づいたことを発表してください。 ・中学生からのメッセージを聞く。	今後、発育・発達が一層盛んになることを知らせ、よりよい成長への期待と、自分が大切な時期にあるという認識を高める。 ☆中学3年生（児童が1年時に6年生だった中学生）の身長の伸びの例を男女2例ずつ挙げ、個人差や思春期の急激な成長の特徴に気づかせるとともに、将来の発育・発達に向けて期待を持てるようにする。 ☆例に挙げた生徒の中学での活躍に触れながら、伸びのグラフを示すことで、個人差を肯定的に受け止め、自分の将来と重ね合わせて考えることができるようにする。 中学生の言葉（ビデオレター）を通して、励ましの言葉をもらう。 ☆ビデオレターの中に、以下の内容について入れてもらう。 ・よい発育・発達はとても大切であること。 ・保健の授業で習うよい成長のための「3つの鍵」をしっかり守ることが大切であること。 ※3つの鍵（食事、運動、休養・睡眠）の内容は伏せておき、以降の学習への興味を持たせるようにする。 **アプローチ2［価値観（期待感）］（14ページ）** 6年生の活躍と自分の将来を重ね合わせて、発育発達の「価値観」を高めます。よりよく発育するための方法を学ぶことについて「期待感」を持たせます。
6 学習のまとめをする。	☆本時の学習でわかったことと、これからの発育・発達で期待することをワークシートに記入する。

指　導　案

（1）本時のねらい

○体は年齢に伴って発育・発達すること、及び、発育・発達には個人差があることを
　理解できる。　　　　　　　　　　　　　　　　　　　　　　　　　　＜知識＞
○自分の発育・発達の仕方について関心を持ち、進んで学習に参加したり、意見を述
　べたりすることができる。　　　　　　　　　　　＜主体的に学習に取り組む態度＞

（2）準備

　写真（1年生と6年生）、紙テープ（各児童の身長の伸びた長さに切り、1年間ご
との伸びた長さに印をつける）、中学生の発育例とビデオレター（卒業生に依頼し、
作成しておく）、ワークシート

（3）展開

学習活動	指導上の留意点	資料
1　1年生と6年生の写真を比較し、違いを考える。 1年生と6年生では、どんな違いがあるでしょうか。	・1年生のときの写真と、6年生の写真を比べ、違いの大きさに気づくようにする。 ・発育・発達の素晴らしさや価値を感じ取れるようにする。 ・4年生は、1年生と6年生のおよそ中間に当たり、大きな変化が起こっている最中であることを認識できるようにする。 ・入学式、運動会、登下校など、1年生と6年生の体格や活動の違いがわかりやすい写真を用いる。 ・1年生と6年生の違いを発表しながら、発育発達について「興味・関心」を高める。 ・6年生の姿から、発育発達への期待や「価値観」を高める。	写真
2　本時のねらいを確認する。	・年齢とともに、体が変化していく様子を学習することを確認する。	

3 入学時から4年生まで の身長の伸び量クイズ を行い、自分の身長の 発育量を知る。 1年生から4年生まで で自分の身長が何cm 伸びたかを予想してく ださい。	・自分の入学時から4年生までの身長の伸び 量を予想し、ワークシートに記入させる。 ・自分の体の変化についての驚きと、自分自 身が大きく変化しているという認識を引き 出すようにする。 ・予想を記入させてから、個々の伸びた長さ に切った紙テープを配布して長さを確認さ せ、予想と近かった人を称賛する。 ・1年時からの伸び量を体感する（隣の児童 との活動）。 ・両手を広げた長さも、ほぼ同じくらい伸び ていることを伝え、体全体が発育している ことを体感させる。 ・年齢とともに体が変化することを「発育・ 発達」ということを伝える。 ・発育・発達を「自分事として」捉えさせる。	ワーク シート 紙テープ ワーク シート
4 毎年の発育の特徴と個 人差について考える。 テープの印は1年ごと の伸び量です。テープ を切り、ワークシート に貼りつけましょう。 伸び方の特徴を書きま しょう。 自分の特徴と、近くの 人の特徴を比較し、友 達との違いを書きま しょう。	・身長は一様に伸びているのではないことに 気づくようにする。 ・年齢とともに体が変化していることに気づ かせ、自分の特徴、及び、近くの席の人と の違いをワークシートに記入させ、発表す る。 ・発育・発達には「個人差」があることを知 らせるとともに、個人差を肯定的に捉える ことができるようにする。	ワーク シート

5 思春期の発育を知り、将来の発育・発達の見通しを持つ。 小学1年生から中学3年生までの身長の伸び方の例を見て、気づいたことを発表してください。	・中学3年生（児童が1年時に6年生だった中学生）の身長の伸びの例を男女2例ずつ挙げる。 ・個人差や思春期の急激な成長の特徴に気づかせるとともに、将来の発育・発達に向けて期待を持てるようにする。 ・中学生にかけて、発育・発達が一層盛んになる時期であることを知らせ、よりよい成長への期待と、自分が大切な時期にあるという認識を持てるようにする。 ・例に挙げた生徒の中学での活躍に触れながら、伸びのグラフを示すことで、個人差を肯定的に受け止め、自分の将来と重ね合わせて考えることができるようにする。	中学生の発育例
・中学生からのメッセージを聞く	・中学生の言葉（ビデオレター）を通して、励ましの言葉をもらう。 ・後で学習する内容（よい成長のための「3つの鍵（食事、運動、休養・睡眠)」）に関心を持たせる。 ・6年生の活躍と自分の将来を重ね合わせ、発育・発達の「価値観」を高める。 ・以降の学習で、よりよく発育・発達するための方法を学ぶことについての「期待感」を持たせる。	ビデオレター
6 学習のまとめをする。	・本時の学習でわかったことと、これからの発育・発達で期待することをワークシートに記入する。	ワークシート

（CD-ROM の「04_hatsuiku」フォルダに入っています。＜＞はファイル名です）

年れいとともに体がかわっていく様子を知ろう
４年　　組　名前

１　１年生から４年生までに身長が何 cm のびたかを予想しましょう。

予想 [　　　　] cm　　のびた長さ [　　　　] cm　　さは [　　　　] cm

２　「発育・発たつ」とはどのようなことをいいますか？

[　　　　　　　　　　　　　　　　　　　　　　　　　　　　]

３　毎年の身長ののびた長さ（テープ）を調べましょう。

			あなたののび方のとくちょう
			[　　　　　　　]
			友だちののび方のとくちょう
			[　　　　　　　]
１年生	２年生	３年生	

４　今日の学習でわかったこと、どのように発育・発たつしたいかを書きましょう。

[　　　　　　　　　　　　　　　　　　　　　　　　　　　　]

ワークシート
<1_worksheet.pdf(docx)>

体育（保健領域）「けがの防止」

対象：小学5年生　1時間

☆単元の内容（新学習指導要領より）

　小学校学習指導要領解説（体育編）によると、けがの発生要因や防止の方法について理解するとともに、けがの症状の悪化を防ぐために速やかに手当ができるようにする必要があること、さらに、危険を予測し回避する方法を考え、それらを表現できるようにすることがあるとされています。

◆授業のねらい

○「知識・技能」の観点からは、けがの悪化を防ぐ対処として、速やかなけがの手当の必要性について理解し、擦り傷、鼻出血、やけどや打撲などを適宜取り上げ、実習を通して、自分でできる簡単な手当ができるようにすることをねらいとします。

○「思考・判断・表現」の観点からは、けがの防止や手当について課題を見つけ、解決の方法を考え、判断し、それらを表現できるようにすることをねらいとします。

◇授業の工夫点

・身近にある、対処に困るけがの場面をケーススタディで取り上げ、題材への「興味、関心」を高めます。

・実際に学校で起こるけがの多さを知り、けがの手当について学ぶ必要性を「自分事」として捉えます。

・『傷口を清潔にする』『圧迫して血を止める』『患部を冷やす』『動かさない』などの自分でできるけがの簡単な手当を学び、実際のけがの場面での活用の仕方を考えます。

・学校でよくある場面のけがについて、自分でできる簡単な手当をグループで実習し、『けがに合った手当か』『速やかにできたか』『清潔にできたか』の3つの視点で話し合うことで、実際にけがが発生したときに、対処することへの「自己効力感」を高めます。

学習活動「けがの防止」の流れ

学習活動	指導上の留意点・児童の反応・資料
1 ケーススタディを行い、身近でけがが発生したときの対処について話し合う。 公園で一緒に鬼ごっこをして遊んでいた友達が、転んだときに、地面で左腕を強く打ってしまいました。こんなとき、どうしますか？	ワークシート①に書かれたけがの事例に対して、どうするかを記入し、話し合う。 ☆身近な場所・場面でけがが発生する可能性があることに気づかせ、けがの手当や対処法を知ることの必要性に気づかせる。 ・とても痛そうだったら、おうちの人に知らせる。 ・救急車を呼んだ方がいいんじゃない？ ・冷やした方がいいよ。 ☆大きなけがの場合は、周りの状況を確かめ、できるだけ早く、近くの大人に知らせたり、救急車を呼んだりする必要があることを確認する。 ☆冷やす、高く挙げる、動かさないなど、自分でできる手当があることに気づかせる。　私たちでもできる手当があると思う。 **アプローチ1 ［興味・関心］（12ページ）** 問いを通して、題材への興味・関心を高めて、学習の動機づけとします。
2 学校で多いけがについて知る。 学校で起こるけがでは、どんなものが多いでしょうか。 ・どんなけがが多いか、予想して発表する。	学校で、身近に起こるけがには、どんなものが多いか話し合う。 ☆自分たちの経験から、どんなけがが多いかを予想して、発表させる。 ☆保健室の利用状況から、昨年度、学校で多く起こったけがとその件数をグラフなどで知らせる。 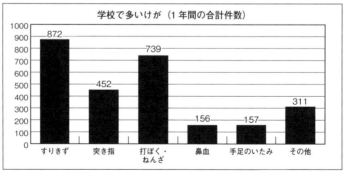 学校で起こったけがの件数のグラフ（イメージ） 学校でよく起こるけがは、「擦り傷」、「打撲や捻挫」、「突き指」、「鼻血」などです。

学習活動	指導上の留意点・児童の反応・資料
・実際のけがの名前と その状態を知る。	☆学校でよく起こるけがの名前とその状態を知る。 ・擦り傷：転んだり、ぶつけたりして擦りむいた傷 ・打撲：何かに強くぶつけたけが ・捻挫：関節を強くひねったけが ・突き指：指に打撲や捻挫が起きたけが アプローチ2［価値観（自分事）］（14ページ） 学校で身近に起こるけがの多さを知り、けがの手当について学ぶ必要性を「自分事として」捉えます。
3 自分でできるけがの 手当の基本とその理 由を知る。 ドッジボールをしていて、ボールが当たり、指を痛めたら、どうしたらいいでしょうか。 ・指の打撲について、知っていることを話し合う。 ・自分でできるけがの手当の方法の例を学ぶ。 ・指の打撲の正しい手当を知る。 指の打撲について、正しい手当のカードを選びましょう。	指の打撲を例に、身近なけがの手当の方法を知る。 ☆指の打撲の手当について、知っていることを発表させる。 ・突き指だから引っ張れば？ ・引っ張っちゃだめだよ！ ・冷やした方がいいよ！ ☆けがの手当は、「痛みを取る」「腫れを抑える」など、けがの状態に合わせて行う必要があることに気づかせる。 ☆手当カードA～Dを見せながら「傷口を清潔にする」、「圧迫して血を止める」、「患部を冷やす」、「動かさない」などの自分でできるけがの手当を指導し、ワークシートに記入させる。   手当カードA（CD-ROM収録）　　手当カードB（CD-ROM収録）   手当カードC（CD-ROM収録）　　手当カードD（CD-ROM収録） ☆手当カードA～Dを使い、指の打撲の正しい手当を指導する。 正解はCとDのカードです。打撲や捻挫は、患部を冷やして、動かさず、安静にすることが大切です。

学習活動	指導上の留意点・児童の反応・資料
4 軽いけがをしたときの自分でできる手当を学ぶ。 学校でよく起こるけがを例に、グループでけがの手当の実習をしましょう。 ・右の1～3の手順で、けがの手当の実習をする。	学校でよく起こるけがの実際の場面を想定して、けがの手当を実習する。 ☆水道が近くにある教室や、理科室、家庭科室などで行うとよい。 ☆学校でよく起こるけがの名前とその状態を知る。 ☆下記の1～3を繰り返し、けがの手当の実習をする。 1 ワークシート②のひざの擦り傷、足首の捻挫、鼻血、手のやけどの4つのけがの事例から、一人が1つずつ選び、手当を考える。 2 一人ずつ実際に手当をしてみて、グループで「けがに合った手当か」、「速やかにできたか」、「清潔にできたか」について話し合う。 3 全員で手当をやってみる。 擦り傷は、洗って傷口を清潔にする。血が出ていたら、圧迫して止める？　けがには合っているけど、もう少しきれいに洗った方がいいよ。
・ワークシート②にけがの手当の方法をまとめる。	☆実習や話し合いをもとに、ワークシート②に手当の方法をまとめる。 **アプローチ4［自己効力感］（22ページ）** 友達とけがの手当の実習をすることで、けがが起きたときに対処することへの自己効力感を高めます。
5 学習のまとめをする。 けがの手当について、学んだことや、今後の生活に生かせそうなことをワークシート①に書きましょう。	けがの手当について学んだことや、これからの生活に生かせそうなことをワークシート①に記入し、発表する。 ☆学んだことをもとに、身の回りでけがが起きたときは、周りの大人に知らせたり、自分でできる手当を速やかに行ったりするなど、対処する必要があることを書けるとよい。 **アプローチ5［決意］（28ページ）** 学習のまとめを書き、発表することで、けがが起きたときに、けがの手当の知識や技能を生かして行動しようとする決意を引き出します。

指　導　案

（1）本時のねらい

○けがの簡単な手当は、速やかに行う必要があることについて理解するとともに、簡単なけがの手当を行うことができるようにする。　　　　　　　　　＜知識・技能＞

○けがの症状の悪化を防ぐために、速やかに手当を行うことについて、課題や解決の方法を見つけ、それらを説明することができる。　　　　　＜思考・判断・表現＞

（2）展開

学習活動	指導上の留意点	資料
1 ケーススタディを行い、身近でけがが起こったときの対処について話し合う。 公園で一緒に遊んでいた友達が、転んだときに、地面で腕を強く打ってしまいました。こんなとき、どうしますか？	・ワークシート①に書かれたけがの事例に対して、どうするかを記入し、話し合わせる。 ・身近な場所、場面でけがが起きる可能性があることに気づかせ、けがの手当や対処法を知ることの必要性に気づかせる。 ・大きなけがの場合は、周りの状況を確かめ、できるだけ早く近くの大人に知らせたり、救急車を呼んだりする必要があることを確認する。 ・冷やす、高く挙げる、動かさないようにするなど、自分でできる手当があることに気づかせる。 ・ケーススタディを通して、題材への興味・関心を高めて、学習の動機づけとする。	ワークシート①
2 学校で多いけがについて知る。 学校で起こるけがでは、どんなけがが多いでしょうか。 ・けがの名前とその状態を知る。	・昨年度の学校でのけがの発生状況から、多く発生したけがを考える。 ・学校でよく起こるけがを知らせる。 ・学校でよく起こるけがの名前とその状態について説明する。 ＜擦り傷＞転んだりぶつけたりして擦りむいた傷 ＜打撲＞何かに強くぶつけたけが ＜捻挫＞関節を強くひねったけが ＜突き指＞指に打撲や捻挫が起きたけが	けがの発生状況

	・学校で身近に起こるけがの多さを知り、けがの手当について学ぶ必要性を「自分事として」捉えさせる。	
3 自分でできるけがの手当の基本とその理由を知る。 ・指の打撲について知っていることを話し合う。	・指の打撲を例に、身近なけがの手当の方法を指導する。 ・指の打撲の手当について、知っていることを発表させる。 ・けがの手当は「痛みを取る」「腫れを抑える」など、けがの状態に合わせて行う必要があることに気づかせる。	

ドッジボールをしていて、ボールが当たり、指を痛めたら、どうしたらいいでしょうか。

・自分でできるけがの簡単な手当の方法の例を学ぶ。 ・指の打撲の正しい手当を知る。	・「傷口を清潔にする」、「圧迫して血を止める」、「患部を冷やす」、「動かさない」などの自分でできるけがの簡単な手当を指導し、ワークシート①に記入させる。 ・指の打撲の正しい手当を指導する。 ・打撲や捻挫では、患部を冷やして、動かさず、安静にすることが大切であることを知らせる。	ワークシート① 手当カードA〜D

指の打撲について、正しい手当のカードを選びましょう。

4 軽いけがをしたときの自分でできる手当を学ぶ。	・学校でよく起こるけがの実際の場面を想定して、けがの手当を実習する。 ・水道が近くにある教室や、理科室、家庭科室などで行うとよい。 ・下記の①〜③を繰り返し、けがの手当の実習をする。 　①ワークシートのひざの擦り傷、足首の捻挫、鼻血、左手のやけどの４つのけがの事例から、一人が１つずつ選び、手当を考える。	

学校でよく起こるけがを例に、グループでけがの手当の実習をしましょう。

・けがの手当の実習をする。

	②一人ずつ実際に手当をしてみて、グループで「けがに合った手当か」、「速やかにできたか」、「清潔にできたか」について話し合う。 ③全員で手当をしてみる。	
・ワークシート②にけがの手当をまとめる。	・実習や話し合いをもとに、ワークシート②にけがの手当をまとめる。 ・友達とけがの手当の実習をすることで、けがが起きたときに対処することへの自己効力感を高める。	ワークシート②
5 学習のまとめをする。 けがの手当について学んだことや、今後の生活に生かせそうなことをワークシート①に書きましょう。	・けがの手当について学んだことや、これからの生活に生かせそうなことをワークシート①に記入・発表させる。 ・学んだことをもとに、身の回りでけがが起きたときは、周りの大人に知らせたり、自分でできる手当を速やかに行ったりするなど、対処する必要があることを書けるとよい。 ・学習のまとめを書き、発表することで、けがが起きたときに、けがの手当の知識や技能を生かして行動しようとする決意を引き出す。	ワークシート①

ワークシート・掲示資料（ＣＤ－ＲＯＭ収録）

（CD-ROM の「05_kega」フォルダに入っています。＜＞はファイル名です）

「けがの防止」ワークシート

5年　組　名前

1. こんなとき、あなたならどうしますか。下のわくに書きましょう。

公園でおにごっこをして遊んでいた友だ
ちが転んだときに、地面で左うでを強く
打ってしまいました。とてもいたがって、
左うでをかかえて泣いています。

2. 自分でできる手当を4つ書きましょう。

A	B	C	D

3. 指を打ちぼくしたときの手当を、2から選びましょう。
（　　）（　　）

4. 今日の学習で学んだことや、これからの生活に生かしたいことを書きましょう。

ワークシート①
<1_worksheet1.pdf(docx)>

けがの手当をやってみよう

①グループで4つのけがから一人ひとつずつを選び、手当を考え、順番に手当をやってみて、グループで次のことを話し合いましょう。
　ア けがに合った手当か　イ すみやかにできたか　ウ 清潔にできたか
②全員でやってみましょう。
③手当の仕方をまとめましょう。

	けが	手当
すりきず	休み時間に運動場でおにごっこをしているときに、足をすべらせて転び、左ひざにすりきずができた。きずの周りにはすながたくさんついている。	
ねんざ	運動場でサッカーをしているときに、ボールを追いかけていて、左足首をひねってしまった。いたくて、少し赤くなり、はれている。	
鼻血	体育でドッジボールをしているときに、相手チームが投げたボールが鼻に当たり、鼻血が出た。	
やけど	家庭科でアイロンがけをしているとき、あやまって自分の左手に、アイロンが当たって、赤くなり、ひりひりしている。	

ワークシート②
<2_worksheet2.pdf(docx)>

手当

A　きず口を清潔にする

◎細きんを体内に入れない

＜注意すること＞
よごれたきずや、深いきずは、消毒をする

手当カードＡ
<3_teate_a.pdf(docx)>

手当

B　圧ぱくして血を止める

◎強くおさえて、大量出血にならないようにする

＜注意すること＞
・清潔な布などで、おさえる
・たたいたり、動かしたりすると血が止まりにくくなる

手当カードＢ
<4_teate_b.pdf(docx)>

手当

C　かん部を冷やす

◎ けがをしたところに流れこむ血を減らし、いたみやはれを取る

＜注意すること＞
・氷を当てるときは、布などで包み、冷やし過ぎないようにする

手当カードＣ
<5_teate_c.pdf(docx)>

手当

D　動かさない

◎ はれやけがの悪化を防ぐ

＜注意すること＞
・けがをしたところを安静にしたり、固定したりする

手当カードＤ
<6_teate_d.pdf(docx)>

学級活動　「健康のもと、よい生活習慣」
対象：小学5年生　2時間

☆単元の内容（新学習指導要領より）

　小学校学習指導要領解説（特別活動編）によると、学級活動における保健に関する指導としては、「心身の発育・発達」、「心身の健康を高める生活」などの題材を通して、自分の健康状態について関心をもち、身近な生活における健康上の問題を見つけ、自分で判断し、処理する力や、心身の健康を保持増進する態度を養うこととしています。また、食育の観点を踏まえ、「望ましい食習慣の形成」が重視されています。

　児童の夜更かしや朝食欠食、運動不足などの基本的生活習慣の乱れは、児童の健康にとって大きな問題です。生活習慣は毎日のこととして児童の生活の一部として根づいていることもあり、改善するのは簡単ではありません。児童が行動変容の必要性を知り、行動変容への動機づけを高め、望ましい行動を習慣化していく必要があります。この授業では、睡眠習慣と朝食摂取を取り上げ、生活習慣の改善を図っています。

◆授業のねらい

＜1時間目＞「健康のもと、よい生活習慣－睡眠と朝食の大切さ－」
111ページ「指導案」の「（1）本時のねらい」を参照。
＜2時間目＞「よい睡眠と朝食のための上手な工夫」
117ページ「指導案」の「（1）本時のねらい」を参照。

◇授業の工夫点

・児童の「ステージ」を想定し、ステージに合った働きかけをします。
・『夢・目標の実現』と関連させ、健康への「興味・関心」を高めます。
・生きて働く知識（自分事、重要性など）を伝えて、健康への「価値観」を高めます。
・自分の生活を振り返って目標を立て、行動変容に取り組みます。
・「セルフモニタリング」「社会的サポート」「強化」「環境と刺激の統制」など、多様な行動変容のアプローチを用いて行動変容を促します。

学習活動「健康のもと、よい生活習慣―睡眠と朝食の大切さ―」の流れ

学習活動	指導上の留意点・児童の反応・資料
※**事前の活動** 「生活習慣調べ」を行う。	☆宿題で実施する。 ☆保護者には、睡眠と朝食の大切さについて学習することを伝え、家庭での協力を依頼する。 ☆集計して、グラフ化しておく。
1 自分の「夢・目標」について発表し、「夢・目標」に近づくためには毎日の健康が土台になることを確認する。 夢や目標、なりたい自分について教えてください。	資料（夢・目標の土台）を見せながら、夢の実現のためには「健康」が重要であることを理解できるようにする。 サッカーでレギュラーに……。 誰にでも優しくできる人に……。 夢や目標をかなえるために、共通して必要なことがあります。それは、心身ともに健康でいることです。  資料（夢・目標の土台） （CD－ROM 収録） **アプローチ3［ステージ］（18 ページ）** 「無関心期」「関心期」を想定し、よい生活習慣に向けた動機づけの強化に重点を置きます。 **アプローチ1［興味・関心］（12 ページ）** 健康が、夢や目標達成と関連することを理解させ、学習への関心を高めます。
2「生活習慣調べ」の結果をもとに、児童の生活習慣の現状を知る。 この間、皆さんに答えてもらった「生活習慣調べ」の結果を予想してみてください。	児童の生活習慣の現状を認識させ、課題意識を持てるようにする。 ☆睡眠のグラフを見て、夜更かしの児童がいることを知らせる。 ☆朝食をあまり食べない児童がいることに着目させる。 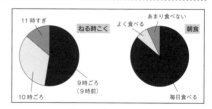 グラフ（イメージ） **アプローチ2［価値観（自分事）］（14 ページ）** 自分たちの調査結果を用いることで、自分事として捉えられるようにします。

学習活動	指導上の留意点・児童の反応・資料
3 睡眠不足や朝食欠食の影響について、グループで話し合い、発表する。 睡眠不足だと、心や体の調子はどうなるでしょうか。 朝ごはんを食べないと、心や体の調子はどうなるでしょうか。	睡眠と朝食の重要性について考えさせる。 ・疲れて、やる気が出ない。 ・おなかがすいて、授業に集中できない。 ・眠くて居眠りしてしまう。 このような状態で、夢に向かって、努力を続けられるでしょうか？ アプローチ2［価値観（重大性・重要性）］（14ページ） 睡眠不足や朝食欠食が重大な影響を及ぽすとともに、よい生活習慣が重要であるという価値観を高めます。 生活習慣を改善することで、健康状態も改善できることを認識させる。 しっかり睡眠をとって、朝ごはんを食べることで、健康で、元気にがんばれるのです。 アプローチ3［ステージ］（18ページ） 「準備期」を想定し、目標を立てて行動を開始します。
4 自分の課題を考え、目標を考える。 自分の生活を振り返って目標を決めましょう。	自分自身の生活を振り返って睡眠の課題を考え、寝る時間と起きる時間の目標を決めて、すくすくカード（113ページ）に記入させる。 ☆上手に目標を立てさせることで、意欲を高める。 目標 早ね：　　時　　分までにふとんに入って電気を消します 　　　早起き：　　時　　分までに起きて、朝ごはんを食べます 私はテレビを見ていて寝るのが遅くなることがあるから、10時までには寝るようにしよう。　　ぼくは起きるのが遅くなって、朝ごはんを食べないことがあるから、6時30分には起きるようにしよう。 例えば、早く起きることを目標にする場合、挑戦する意欲が出るように、**「がんばればできそう」** と思える時間に設定しましょう。 アプローチ4［自己効力感］（22ページ） 目標設定スキルを活用して、自己効力感のある目標とします。

学習活動	指導上の留意点・児童の反応・資料
家の人に手伝ってもらいたいことを書きましょう。	☆ワークシートに、取り組みたい目標と、家の人に手伝ってもらいたいことを記入させる。 家の人に手伝ってもらうこともワークシートに書きましょう。 **アプローチ6 [社会的サポート]（32ページ）** 家族にどのようなサポートをお願いするかを考えます。
どんな目標が立てられたか発表してください。	☆グループ内で目標を発表させて、決意を促す。 ☆クラスでも共有する。 **アプローチ5 [決意]（28ページ）** 発表することで決意を高めます。 ☆自分の夢・目標をすくすくカードに記入する。 ☆すくすくカードの取り組み方（38ページ参照）を説明する。 **アプローチ7 [セルフモニタリング]（36ページ）** セルフモニタリング・シートを用います。 ☆5日以上目標達成ができた人には、努力賞（シール）をあげることを説明し、意欲を高める。 **アプローチ10 [強化]（46ページ）** 一定の達成基準に達したら、褒美（シール）をあげると伝えます。
5 授業でわかったことをまとめる。	☆わかったことを発表する。 ☆夢の実現の土台（健康）をしっかりするために、よい生活習慣が重要であることを再度確認する。
※事後の活動 すくすくカードに1週間取り組む。	☆家庭に協力を依頼する。 **アプローチ6 [社会的サポート]（32ページ）** 温かい言葉や励ましなど、心のサポートを依頼します。

指　導　案

（1）本時のねらい

○生活習慣（睡眠、朝食など）が健康と深く関連していることを理解することができる。　　　　　　　　　　　　　　　　　　　　　　　　　　　＜知識・技能＞

○自分自身の生活習慣を振り返り、課題を見つけ解決に向けて取り組むことができる。　　　　　　　　　　　　　　　　　　　　　　　　　＜思考・判断・表現＞

（2）準備

・「生活習慣調べ」の実施と集計（グラフ）

（3）展開

学習活動	指導上の留意点	資料
≪事前の活動≫ 「生活習慣調べ」を行う。	・宿題で実施する。 ・保護者には、睡眠と朝食の大切さについて学習することを伝え、家庭での協力を依頼する。 ・集計して、グラフ化しておく。	「生活習慣調べ」
1 自分の「夢・目標」について発表し、「夢・目標」に近づくためには毎日の健康が土台になることを確認する。 夢や目標、なりたい自分について教えてください。	・「無関心期」「関心期」を想定し、よい生活習慣への動機づけの強化に重点を置く。 ・３年生の「健康な生活」で学習した内容を思い出すように促す。 ・資料を見せて、夢や目標の実現には「意欲と努力を継続すること」が重要であることに気づかせ、その土台が「健康」であることを理解できるようにする。	資料
2「生活習慣調べ」の結果をもとに、児童の生活習慣の現状を知る。 皆さんに答えてもらった「生活習慣調べ」の結果を見て、気づいたことはありますか。	・児童の「生活習慣調べ」の結果を伝え、夜更かしの児童がみられることや、朝食をあまり食べない児童がいることに着目させる。 ・自分たちの調査結果を用いることで、自分事として捉えられるようにする。 ・児童の生活習慣の現状を認識させ、課題意識を持てるようにする。	「生活習慣調べ」の結果グラフ

3 睡眠不足や朝食欠食の影響について、グループで話し合い、発表する。	・十分な睡眠と朝食の重要性について考えさせる。	ワークシート
睡眠不足だと、心や体の調子はどうなるでしょうか。	・自分の生活経験をもとに意見を出すように支援する。	
	・たくさんの意見が出るようにする。	
朝ごはんを食べないと、心や体の調子はどうなるでしょうか。	・睡眠不足や朝食欠食が重大な影響を及ぼすとともに、よい生活習慣が重要であるという価値観を高める。	
4 自分の課題を考え、目標を決める。	・自分自身の生活を振り返って就寝・起床時間の目標を決める。	すくすくカード
自分の生活を振り返って目標を決めましょう。	・上手な目標の立て方（がんばればできそうなレベル）ができるように支援し、自己効力感を高める。	ワークシート
	・家の人に手伝ってもらうことがあったらワークシートに記入させ、サポートを図る。	
どんな目標が立てられたか、発表してください。	・グループで発表させ、行動への決意を高める。	
	・全体でも何人かに発表させる。	
	・すくすくカードの取り組み方を説明する。	
	・5日以上目標達成ができた人には、努力賞（シール）をあげることを説明し、励ます。	
5 授業でわかったことをまとめる。	・わかったことを発表する。	
	・夢の実現の土台（健康）をしっかりするために、よい生活習慣が重要であることを再度確認する。	
≪事後の活動≫ **すくすくカードに、1週間取り組む。**	・家庭に協力を依頼する。	すくすくカード
	・「おうちの人から」の欄には、温かい励ましやほめ言葉を書いてもらう。	

ワークシート・掲示資料（CD-ROM収録）

（CD-ROM の「06_seikatsu_s」フォルダに入っています。＜＞はファイル名です）

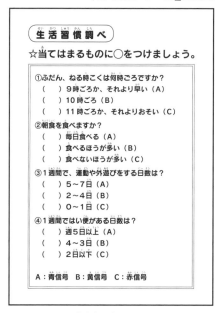

生活習慣調べ
<1_seikatsu.pdf(docx)>

資料（夢・目標の土台）
<2_shiryou.pdf(docx)>

ワークシート（1時間目用）
<3_worksheet.pdf(docx)>

すくすくカード
<4_sukusuku.pdf(docx)>

学習活動 「よい睡眠と朝食のための上手な工夫」 の流れ

学習活動	指導上の留意点・児童の反応・資料
1「すくすくカード」の取り組みの感想を発表する。 とてもがんばりましたね。実践をしてみて、どんな感想を持ちましたか。	授業に先立ち、「すくすくカード」を集め、確認しておく。 目標達成できた児童には努力賞（シール）と称賛を与え、もらえなかった児童には次回に向けてがんばるように励まし、意欲の向上を図る。 がんばったので、努力賞がもらえてうれしいです。　　思ったより難しかった。 アプローチ3［ステージ］（18 ページ） 「行動期」を想定し、行動の継続に重点を置きます。 アプローチ 10［強化］（46 ページ） 努力賞と称賛を与え、意欲を高めます。
2 1週間の実践状況についてグループで紹介し、工夫した点と難しかった点を発表する。 目標が達成できるように工夫したことはどんなことですか。実行が難しかったことはどんなことですか。	☆工夫や努力をしてうまくいったことについて、ワークシートに書き、発表する。 **睡眠で工夫した点** 家に帰ってすぐ宿題をやったら、早く寝られました。 時間になったら、家の人に声をかけてもらいました。 **朝食で工夫した点** 朝ゆっくり食べられるように早起きしました。 朝おなかがすくように夜食を食べませんでした。 皆さん、たくさん工夫をしてがんばりましたね。工夫や努力をすることはとても大切です。 アプローチ 11［振り返り］（50 ページ） 工夫と努力の成果を振り返り、次への意欲につなげます。

学習活動	指導上の留意点・児童の反応・資料
	☆難しかった点（問題点）をワークシートに記入し、グループ内で発表する。
	睡眠で難しかった点 眠くならなくて、眠れない日がありました。 テレビがついていると、つい見てしまい、寝るのが遅くなりました。 **朝食で難しかった点** 朝おなかがすかないので、朝ごはんを食べたくないことがあります。 朝、時間がなくて、少ししか食べられないこともありました。
	☆クラス全体でも発表し、問題を共有する。
	アプローチ8［問題解決（気づきのステップ）］（40ページ） 解決すべき問題があることに気づかせます。
3 問題解決の方法を、グループで話し合い、ワークシートに記入する。	生活習慣を改善するには、様々な問題を解決する必要があることに気づく。
	☆1週間の実践で難しかった点、または下記の問題について、解決の方法をグループで話し合う。 　睡眠についての問題……「眠くならない」 　朝食についての問題……「朝おなかがすかない」 ☆生活習慣が改善できない理由を考えたり、友達の意見を参考にしたりすると、解決のヒントが得られることを伝える。 ☆家族に支援をしてもらう方法も考えさせる。
	アプローチ6［社会的サポート］（32ページ） 家族に協力してもらいます。
	☆行動しやすい環境を整えることにも目を向けさせる。
	アプローチ9［環境と刺激］（42ページ） 環境についても目を向けさせます。
	☆グループでたくさんのアイデアを出し合う。
	グループで、できるだけたくさんのアイデアを出して、皆さんにとって、効果のありそうな方法を選びましょう。
	アプローチ8［問題解決（方法のステップ）］（40ページ） 様々な方法を考えます。

学習活動	指導上の留意点・児童の反応・資料
4 自分自身の「生活習慣」問題解決迷路を完成する。	グループで出たアイデアを参考に、問題解決迷路を完成させ、次の取り組みに向けた具体的な方法を明らかにする。 「よいすいみんのために」と「おいしい朝ごはんのために」、「問題かい決すること」の吹き出しに、解決法を考えて記入する。  問題解決迷路（CD-ROM 収録）
5 新たな実践に向けて目標設定をする。 新しいすくすくカードに、次の目標を記入しましょう。	☆新たな実践に向けて目標を立て、意欲を高め、具体的な問題解決の見通しを持たせる。 **アプローチ8 ［問題解決（実行のステップ）］（40 ページ）** 次の実行に向けて目標を設定します。 ☆再度1週間の実践を試み、5日以上○がついた場合には、努力賞（シール）を与えることを伝える。
6 授業でわかったことをまとめる。 夢の実現に向けた土台（健康）づくりのために、これからどのようにしていきたいですか。	☆わかったことを発表する。 ☆生活習慣の改善が、夢の実現の土台（健康）をしっかりするために重要であること再度確認し、よい生活習慣を継続することの重要性を伝える。
※事後活動 再度、一週間のすくすくカードの取り組みを行う。	☆再度、1週間のすくすくカードの取り組みを行い、行動変容につなげる。

指　導　案

（1）**本時のねらい**

○自分自身の生活習慣（睡眠、朝食など）を振り返って問題解決の方法を考え、よりよく思考・判断し、表現することができる。　　　　　　＜思考・判断・表現＞

○生活習慣（睡眠、朝食など）の改善に粘り強く取り組むことができる。　＜態度＞

（2）**準備**

・すくすくカードを集め、1週目の実践状況を確認しておく

（3）**展開**

学習活動	指導上の留意点	資料
1 前回の授業内容を振り返り、取り組みの感想を発表する。 とてもがんばりましたね。実践をしてみて、どんな感想を持ちましたか？	・「行動期」のステージを想定し、行動変容の継続に重点を置く。 ・目標達成できた児童には努力賞（シール）と称賛を与え、もらえなかった児童には次回に向けてがんばるように励まし、意欲の向上を図る。	すくすくカード（1週目）
2 1週間の実践状況について、グループ内で工夫した点と、難しかった点を発表する。 目標が達成できるように工夫したことはどんなことですか。また、難しかったことはどんなことですか。	・工夫した点と難しかった点をワークシートに記入し、グループで発表する。 ・各グループの工夫点をクラスで共有し、称賛することで意欲の向上を図る。	ワークシート
3 問題解決の方法を話し合う。	・実践して難しかった点か、下記の問題の解決方法をグループで話し合う。 　睡眠についての問題……「眠くならない」 　朝食についての問題……「朝おなかがすかない」	

	・生活習慣を改善するには、いろいろな問題解決の仕方があることに気づかせる。 　例）うまくいかない理由をよく考える、友達の意見を参考にする、家族に手伝ってもらう、環境を整える など ・グループでたくさんのアイデアを出し合う。	ワークシート
4 自分自身の「生活習慣」問題解決迷路を完成する。 迷路内に、自分の課題を解決する方法を書きましょう。	・「問題解決」などの考え方を盛り込んだ迷路を作り、行動変容に向けた問題解決の具体的な方法などを考えさせる。 ・睡眠や朝食を改善するには、生活全体が関わっていることに気づかせる。	問題解決迷路
5 新たな実践に向けて目標設定をする。 新しいすくすくカードに、次の目標を記入しましょう。	・新たな実践に向けて目標を立て、具体的な問題解決の見通しを持たせる。 ・目標内容と目標レベルが適切になるように促す。 ・再度1週間の実践を試み、5日以上○がついた場合には、努力賞（シール）を与えることを伝える。	すくすくカード（2週目）
6 授業でわかったことをまとめる。 夢の実現に向けた土台（健康)づくりのために、これからどのようにしていきたいですか。	・生活習慣の改善が、夢の実現の土台（健康）をしっかりするために重要であることを再度確認し、よい生活習慣を継続することの重要性を伝える。	
≪事後の活動≫ すくすくカードに、再度1週間取り組む。		

ワークシート・掲示資料（CD-ROM収録）

（CD-ROM の「06_seikatsu_s」フォルダに入っています。＜＞はファイル名です）

学級活動 **よいすいみんと朝食のための上手なくふう**
年　　組　名前

1 目標を達成するためにくふうしたことを書きましょう。

2 目標を達成するためにむずかしかったこと（問題点）を書きましょう。

3 むずかしかったこと（問題点）をかい決する方法を書きましょう。
☆ 友だちのくふうを参考にする
☆ 目標が達成できなかった日からヒントをさがす
☆ かい決方法をたくさんさがしてからこう果的な方法を選ぶ

ワークシート（2時間目用）
<5_worksheet.pdf(docx)>

ワークシート・掲示資料（CD-ROM収録）

（CD-ROMの「06_seikatsu_s」フォルダに入っています。< >はファイル名です）

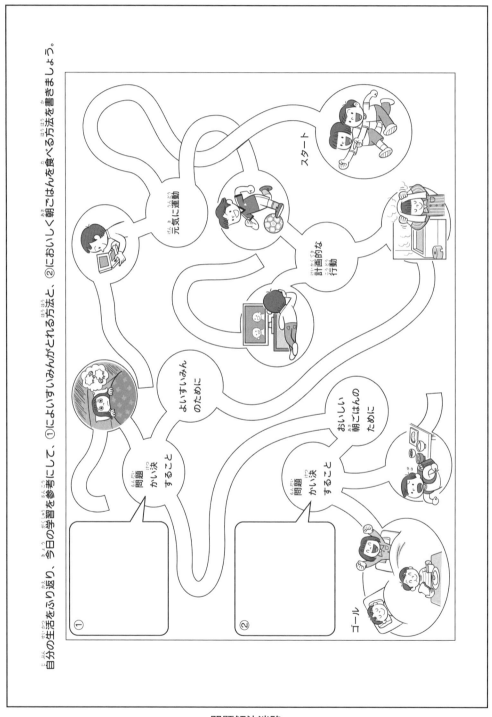

問題解決迷路
<6_meiro.pdf(docx)>

行動変容を引き出す実践⑦

体育（保健領域）「病気の予防」

対象：小学6年生　2時間

☆単元の内容（新学習指導要領より）

　小学校学習指導要領解説（体育編）によると、生活行動が関わって起こる病気として、心臓や脳の血管が硬くなったり、つまったりする病気などを取り上げ、その予防には、糖分、脂肪分、塩分などをとり過ぎる偏った食事や間食を避けるなど、健康によい生活習慣を身につける必要があること、また薬物乱用については、シンナーなどの有機溶剤を取り上げ、1回の乱用でも死に至ることがあり、乱用を続けるとやめられなくなり、心身の健康に深刻な影響を及ぼすことを理解できるようにするとされています。

◆授業のねらい

○「思考・判断・表現」の観点からは、生活行動が主な要因となって起こる病気の起こり方や予防の方法、たばこの害について、課題の解決を目指して実践的に考え、判断し、それらを表すことができることをねらいとします。

○「知識」の観点からは、生活行動が主な要因となって起こる病気の起こり方や予防の方法、たばこが心身の健康に与える影響について、課題の解決に役立つ基礎的な事項を理解し、言ったり書いたりできることをねらいとします。

◇授業の工夫点

・「未来のプロフィール」を記入し、自分の将来の生活を具体的に想像させます。

・生活習慣病の深刻な症状を知らせて、健康を損なう危機感を高めます。

・今から生活習慣を整えれば生活習慣病を予防できることに気づかせ、自分の生活習慣の課題を解決する「意思決定」を促します。

・たばこが心身の健康に与える深刻な影響を知らせ、自分の価値ある未来のために決してたばこに関わらない「意思決定」を促します。

・たばこを吸うきっかけを具体的に例示し、受動喫煙を防ぐ方法について調べたり話し合ったりして、「自己効力感」を高めます。

・たばこを吸うきっかけや誘いを断ることの大切さを話し合ったり、受動喫煙を防ぐ方法について調べたり、話し合ったりして、「自己効力感」を高めます。

学習活動「生活のしかたと病気」の流れ

学習活動	指導上の留意点・児童の反応・資料
※**事前の活動** ・未来のプロフィールを記入する。	20年後の生活を想像して「未来の自分」を「未来のプロフィール」シートに記入させる。
	☆事前に配布し、記入してくるように指導する。自分の将来の生活を具体的に想像させ、生き生きと生活し、夢を実現するためには、将来の健康が大切であることに気づかせ、学習意欲を高める。
1 Ⅱ型糖尿病の症例写真を見て、病気の原因や症状の深刻さについて話し合う。 どんな病気で、どうやって起きたのでしょうか？	Ⅱ型糖尿病による壊疽（えそ）などの症例の写真を見せて、深刻な症状や将来の生活への影響に気づかせる。
	☆事前に、壊疽などのⅡ型糖尿病の症例写真を用意する。

・怖い！
・大変だ！

例　←写真　北澤　吉昭先生

☆「Ⅱ型糖尿病の影響で血流が悪くなり、神経が麻痺（まひ）することで、細胞が死んでしまい、腐ってしまう。放置すると骨まで腐り、切断するようになってしまう」ことを知らせる。

> **アプローチ1 ［興味・関心］（12ページ）**
> 症状の恐ろしさを知り、題材への興味・関心を高めて、学習の動機づけとします。

学習活動	指導上の留意点・児童の反応・資料
・Ⅱ型糖尿病にかかっている人の多さや原因、症状や合併症について知る。 糖尿病とはどんな病気でしょうか。	健康によくない生活習慣の積み重ねによって起こる病気を「生活習慣病」といい、日本人の死因の多くを占めることを知らせる。

☆日本人で糖尿病の人や予備軍の人は、全体の24.2%（2016年度）であり、10年前の17%から大きく増えていることなどを知らせる。

☆Ⅱ型糖尿病は、カロリーのとり過ぎや運動不足、睡眠不足など、健康によくない生活習慣の積み重ねで起こることが多いことを知らせる。

☆糖尿病の主な症状には、尿量の増加、喉の渇き、体重減少、だるさや疲れやすさ、視力の低下などがあることを知らせる。

☆将来自分がかかる可能性があることに気づかせる。

※Ⅰ型糖尿病の児童がいる場合は、糖尿病ではなくほかの病気を扱うか、Ⅰ型糖尿病について説明する。家族にⅠ型糖尿病の人がいる場合も考えられるので、生活習慣によるものと誤解しないように注意する。

学習活動	指導上の留意点・児童の反応・資料
2 生活習慣病について知る。 生活習慣病が怖いわけを考えましょう。	健康によくない生活習慣の積み重ねによって起こる病気を「生活習慣病」といい、日本人の死因の多くを占めることを知らせる。 ☆生活習慣病が日本人の死因の多くを占めることを知らせる。 ☆生活習慣病のひとつで、日本人の死因の１位でもある「がん」には、生活習慣と関わりなく起こるものもあることを知らせる。
・心臓病や脳卒中の起こり方について知る。 心臓病や脳卒中の起こり方を考えましょう。	食事の偏りや運動不足、喫煙や飲酒、ストレスなどの健康によくない生活習慣を続けると、血管が狭くなったり、硬くなったりすることを知らせる。 ・心臓や脳の血管が狭くなったり硬くなったりすると、心臓病や脳卒中などの、恐ろしい生活習慣病が引き起こされることを知らせる。 **アプローチ２［価値観（自分事）］（14ページ）** 自分も生活習慣病にかかる可能性があることに気づかせ、「自分事として」捉えさせます。
3 生活習慣病の予防について話し合う。 生活習慣病を予防するには、どうしたらいいでしょうか。	生活習慣病は、子どもの頃からの生活習慣を整えることで、予防できることに気づかせる。 ・よかった！ ・予防できるんだ！ ・まだ間に合う！ ☆子どもの頃から、塩分・脂肪分のとり過ぎ、睡眠不足、運動習慣やストレスの予防に注意することにより、生活習慣病を予防できることに気づかせる。 ☆喫煙・飲酒も、生活習慣病の原因となることを知らせる。 **アプローチ２［価値観（重要性）］（14ページ）** 生活習慣病の予防のために、生活習慣を整えることの大切さに気づかせます。

学習活動	指導上の留意点・児童の反応・資料
4 自分の生活習慣の問題とその解決方法を考える。 ・生活習慣チェックシートに回答する。 生活習慣チェックシートの質問に答えましょう。 ・生活習慣の課題と解決方法を隣の席の児童と話し合う。 どこをどう直したらよい生活習慣になるか、隣の人と話し合って書きましょう。 **5 学習のまとめをする。** 今日の学習でわかったことや感想を発表してください。	生活習慣チェックシートに回答し、自分の生活習慣の課題と解決方法をワークシートに記入するように指導する。 わあ、まずい！ 気をつけなくちゃいけないことがたくさんある……。 ☆チェックシートから気づいた生活習慣の課題と解決方法を、隣の席の児童と話し合いながらワークシートに記入させる。 ☆お互いの課題について、経験を生かしながらアドバイスするように指導する。 生活習慣チェックシート（CD-ROM 収録） **アプローチ6［社会的サポート］（32 ページ）** 生活習慣改善の方法について、自分の経験などを生かして、友達と互いにアドバイスし合います。 今日の学習でわかったことや、感想をワークシートに記入させ、数名に発表させる。 ☆生活習慣を改善しなかった場合と改善した場合の、将来の自分について考えさせ、改善しようとする決意を引き出す。 **アプローチ5［決意］（28 ページ）** 将来の健康のために、自分の課題を解決して、生活習慣を整える決意を引き出します。

指　導　案

（1）本時のねらい

○生活行動が主な要因となって起こる病気の予防について、学習したことをもとに、自分の生活と比べたり関係を見つけたりして、課題や解決の方法を見つけ、それらを説明することができる。　　　　　　　　　　　　　　＜思考・判断・表現＞

○生活行動が主な要因となって起こる病気とその予防について、理解したことを言ったり書いたりできる。　　　　　　　　　　　　　　　　　　　　　　　　＜知識＞

（2）準備

・「未来のプロフィール」シートを記入する。

（3）展開

学習活動	指導上の留意点	資料
＜事前の活動＞ **未来のプロフィールを記入する。**	・事前に配布し、記入してくるように指導する。自分の将来の生活を具体的に想像させ、生き生きと生活し、夢を実現するためには、将来の健康が大切であることに気づかせ、学習する意欲を高める。	「未来のプロフィール」シート
1 Ⅱ型糖尿病の症例写真を見て、病気の原因や症状の深刻さについて話し合う。 どんな病気で、どうやって起きたのでしょうか？	・Ⅱ型糖尿病の影響で血流が悪くなり、神経が麻痺（まひ）することで、細胞が死んでしまい、腐ってしまう。放置すると骨まで腐り、切断するようになってしまうことを知らせる。 ・深刻な症状や将来の生活への影響から、健康を損なうことへの危機感を持たせる。	症例写真
・Ⅱ型糖尿病にかかっている人の多さや、原因、症状や合併症について知る。 Ⅱ型糖尿病とはどんな病気でしょうか。	・日本人で糖尿病の人や予備軍の人は、全体の 24.2%（2016 年度）であり、10 年前の 17%から大きく増えていることなどを知らせる。 ・Ⅱ型糖尿病はカロリーのとり過ぎや運動不足、睡眠不足などの健康によくない生活習慣の積み重ねで起こることが多いことを知らせる。	

	・糖尿病の主な症状には、尿量の増加、喉の渇き、体重減少、だるさや疲れやすさ、視力の低下などがあることを知らせる。	
	・将来自分がかかる可能性があることに気づかせる。	
	※Ⅰ型糖尿病の児童がいる場合は、糖尿病ではなくほかの病気を扱うか、Ⅰ型糖尿病について説明する。家族にⅠ型糖尿病の人がいる場合も考えられるので、生活習慣によるものと誤解しないように注意する。	
2 生活習慣病について知る。 生活習慣病が怖いわけを考えましょう。	・健康に良くない生活習慣の積み重ねによって起きる病気を「生活習慣病」といい、心臓病や脳卒中、がんや糖尿病などがあることを知らせる。 ・生活習慣病が日本人の死因の多くを占めることを知らせる。 ・がんには、生活習慣と関わりなく起こるものもあることを知らせる。	ワークシート
・心臓病や脳卒中の起こり方について知る。 心臓病や脳卒中の起こり方を考えましょう。	・食事の偏りや運動不足、喫煙や飲酒、ストレスなどによって、血管の内側に脂肪などがたまり、血管が狭く、硬く、もろくなり、様々な病気を引き起こすことを知らせる。 ・心臓や脳の血管が狭くなったり硬くなったりすると、心臓病や脳卒中などの、恐ろしい生活習慣病が引き起こされることを知らせる。	

3 生活習慣病の予防について話し合う。 生活習慣病を予防するには、どうしたらいいでしょうか。	・子どもの頃から、塩分・脂肪分が多い食事のとりすぎや睡眠不足、運動習慣やストレスの予防に注意することにより、生活習慣病を予防できることに気づかせる。 ・喫煙・飲酒も、生活習慣病の原因となることを知らせる。	ワークシート
4 自分の生活習慣の問題とその解決方法を考える。 ・生活習慣チェックシートに回答する。 生活習慣チェックシートの質問に答えましょう。	・生活習慣チェックシートを配布し、自分の回答を記入させる。	生活習慣チェックシート
・気づいた生活習慣の課題と解決方法を隣の席の児童と話し合う。 どこをどう直したらよい生活習慣になるのか、隣の人と話し合って書きましょう。	・隣の席の児童と、生活習慣の健康課題と解決方法を話し合いながらワークシートに記入させる。 ・自分の経験を生かして友達の課題解決にアドバイスする活動を通して、解決に取り組む自信を高め、意思決定につなげる。	ワークシート
5 学習のまとめをする。 今日の学習でわかったことや感想を書き、発表しましょう。	・今日の学習でわかったことや、感想をワークシートに記入させ、数名に発表させる。 ・生活習慣を改善しなかった場合と改善した場合の、将来の自分について考えさせ、改善に取り組む決意を引き出す。	ワークシート

ワークシート・掲示資料（ＣＤーＲＯＭ収録）

(CD-ROM の「7_byouki」フォルダに入っています。＜＞はファイル名です)

「未来のプロフィール」シート
<1_mirai.pdf(docx)>

ワークシート（1時間目用）
<2_worksheet.pdf(docx)>

生活習慣チェックシート
<3_checksheet.pdf(docx)>

学習活動「たばこの害」の流れ

学習活動	指導上の留意点・児童の反応・資料
1 たばこが健康によいか、悪いかを話し合う。 たばこは健康によいでしょうか、それとも悪いでしょうか？	☆「健康によい」「健康に悪い」と答えた児童に、それぞれ理由を聞き、話し合いをさせる。 ☆児童が発表する「健康によい理由」「悪い理由」を板書する。「悪い理由」は急性影響と慢性影響に分けて板書しておく。
2 健康に悪いのに、どうしてたばこを吸う人がいるのかを話し合う。 「健康に悪い」とわかっているのに、どうしてたばこを吸う人がいるのでしょうか。 ・たばこに含まれる有害物質について話を聞き、ノートに書く。	☆たばこの害について、知っているようでも、詳しく知らないことに気づかせる。 ☆たばこに含まれる有害物質と、その特徴について知らせる。 ☆たばこには依存性がある物質が含まれ、一度吸い始めると禁煙が難しいことに気づかせる。 ☆ニコチンには高い依存性があり、タールはがんの原因となること、一酸化炭素は動脈硬化の原因となることを知らせる。 **アプローチ1［興味・関心］（12ページ）** たばこの害を知っているようで具体的には知らないことに気づかせ、題材への興味・関心を高めます。
3 たばこが体に与える影響について知る。 たばこを吸うと、体にどんなことが起こるでしょうか。 ・すぐに現れる影響と、長い間吸い続けると起こる影響について知る。 ・喫煙者と非喫煙者の肺の写真を見せ、喫煙の身体への影響について話し合う。	☆たばこを吸ってすぐに「はき気、せき、たん、息切れ、心臓がどきどきする、めまい、思考力の低下、運動能力の低下、食欲の低下、歯が汚れる、肌荒れ」などの影響が体に現れることを知らせる。 ☆教科書などに掲載されている非喫煙者と喫煙者の肺の写真を見せて、喫煙による体への影響の深刻さを視覚的に知らせ、自分事として捉えさせる。 ☆たばこを長い間吸っていると、肺がんなどの病気にかかりやすくなることに気づかせる。 ☆母体の喫煙によって、子宮内の胎児の呼吸器の発達にも影響が起こることを知らせる。 **アプローチ2［価値観（自分事）］（14ページ）** 健康への深刻な悪影響を「自分事として」捉えます。

学習活動	指導上の留意点・児童の反応・資料
4グラフを見て、未成年者の喫煙が法律で禁止されている理由を話し合う。 このグラフから何がわかりますか？ ・話し合ったことをノートに書く。	☆グラフ「タバコを吸い始めた年れいによる肺がん死亡率」（134 ページ）を見せて、気づいたことを話し合う。 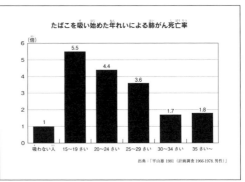 グラフ（CD-ROM 収録） 早く吸い始めると、危ないかも！　　吸っている期間が長いと、肺がんになりやすくなるの？ ☆喫煙を始めた時期が早いほど、肺がんの危険性が大きくなることに気づかせる。また、特に子どもに与える影響が大きいことに気づかせる。 ☆法律でも未成年者の喫煙は禁止されていることに触れる。 **アプローチ2［価値観（自分事）］（14 ページ）** 健康への深刻な悪影響を「自分事として」捉え、喫煙期間が長いほどがんの危険性が高まることなど、腑に落ちる理解を引き出します。
・未成年者の喫煙のきっかけについて話し合う。	☆未成年者の喫煙のきっかけが、多くの場合、好奇心や友達や先輩など知り合いの誘いなどによることと、誘いに乗らないことの重要さに気づかせる。
5 受動喫煙の影響について知る。 たばこを吸うと、周りの人にどんな影響を与えますか。 ・受動喫煙の影響について話を聞き、ノートに書く。	☆喫煙者が吸い込む煙を「主流煙」、たばこの先から出る煙を「副流煙」ということを知らせる。 ☆主流煙や副流煙を非喫煙者が吸うことを受動喫煙といい、主流煙よりも副流煙の方に害があることを知らせる。 ☆喫煙は吸う人だけではなく、近くにいる人の健康にも悪影響を与えることに気づかせる。 **アプローチ2［価値観（自分事）］（14 ページ）** 周囲の人の健康に深刻な悪影響を与えることを「自分事として」捉えます。

学習活動	指導上の留意点・児童の反応・資料
6 学んだ知識を活用して、受動喫煙や未成年者のたばこの害について話し合う。 隣の人と「受動喫煙を防ぐ工夫にはどんなものがあるのか」を話し合い、ワークシートに書きましょう。 保健室の先生になったつもりで、ワークシートに書いた「たばこを吸ってはいけない理由」を、隣の席の人に伝えてみましょう。	☆ワークシート（134ページ）を配る。 ☆隣の席の人と受動喫煙を防ぐ工夫について話し合い、できるだけ数多くの工夫をワークシートに書くよう指導する。 ☆よい工夫だと思ったものを発表させる。 **アプローチ2［価値観］（14ページ）** 周囲の健康に配慮し、受動喫煙を防ぐことの大切さに気づかせます。 ☆各自にたばこを吸ってはいけない理由を考えさせ、3つ以上ワークシートに書かせる。 ☆隣の席の人と組み、保健室の先生と子ども役に分かれ、交代でケーススタディをする（たばこを吸ってはいけない理由を相手に伝えさせる）。
7 今日の授業で学んだことを、どのようにこれからの生活に生かすか、ノートに記入する。 健康的な生活を送るためには、これからの生活をどのようにしていきたいですか？	☆喫煙がこれからの自分の生活に与える影響について、学んだことをもとに考え、ノートに書くように指導する。 ☆ノートに書いたことを発表する。 **アプローチ5［決意］（28ページ）** 未成年の時期だけではなく、成人してもタバコを吸わないという決意を引き出します。

指　導　案

（1）本時のねらい

○喫煙が健康にもたらす影響について理解したことを言ったり書いたりできる。

<知識>

○喫煙が健康にもたらす影響について、自分の生活と比べたり関係を見つけたりして、課題や解決の方法を見つけ、それらを説明することができる。

<思考・判断・表現>

（2）展開

学習活動	指導上の留意点	資料
1 たばこが健康によいか、悪いかを話し合う。 たばこは健康によいでしょうか、それとも悪いでしょうか？	・「健康によい」「健康に悪い」と答えた児童に、それぞれ理由を聞き、話し合いをさせる。 ・児童が発表する「健康によい理由」「悪い理由」を板書する。「悪い理由」は急性影響と慢性影響に分けて板書しておく。	
2 健康に悪いのに、どうしてたばこを吸う人がいるのかを話し合う。 「健康に悪い」とわかっているのに、どうしてたばこを吸う人がいるのでしょうか。 ・たばこに含まれる有害物質について話を聞き、ノートに書く。	・たばこに含まれる有害物質と、その特徴について知らせる。 ・たばこには依存性があり、一度吸い始めると禁煙が難しいことに気づかせる。 ・ニコチンには高い依存性があり、タールはがんの原因となること、一酸化炭素は動脈硬化の原因となることを知らせる。	ノート
3 たばこが体に与える影響について知る。 たばこを吸うと、体にどんなことが起こるでしょうか。	・たばこを吸ってすぐに「はき気、せき、たん、息切れ、心臓がどきどきする、めまい、思考力の低下、運動能力の低下、食欲の低下、歯が汚れる、肌荒れ」などの影響が体に現れることを知らせる。	

・すぐに現れる影響と、長い間吸い続けると起こる影響について知る。		
・喫煙者と非喫煙者の肺の写真を見せ、身体への影響について話し合う。	・非喫煙者と喫煙者の肺の写真を見せて、喫煙による体への影響の深刻さを視覚的に知らせ、自分事として捉えさせる。 ・たばこを長い間吸っていると、肺がんなどの病気にかかりやすくなることに気づかせる。 ・母体の喫煙によって、子宮内の胎児の呼吸器の発達にも影響が起こることを知らせる。	肺の写真
4未成年者の喫煙が法律で禁止されている理由を話し合う。 このグラフから何がわかりますか？ ・話し合ったことをノートに書く。 ・未成年者の喫煙のきっかけについて話し合う。	・「たばこを吸い始めた年れいによる肺がん死亡率」のグラフを見て、気づいたことを話し合う。 ・喫煙を始めた時期が早いほど、肺がんの危険性が大きくなることに気づかせる。 ・法律でも未成年者の喫煙は禁止されていることに触れる。 ・未成年者の喫煙のきっかけが、多くの場合、好奇心や友達や先輩など知り合いの誘いなどによることと、誘いに乗らないことの重要さに気づかせる。	グラフ
5 受動喫煙の影響について知る。 たばこを吸うと、周りの人にどんな影響を与えますか。 ・受動喫煙について話を聞き、ノートに書く。	・喫煙者が吸い込む煙を「主流煙」、たばこの先から出る煙を「副流煙」ということを知らせる。 ・主流煙や副流煙を非喫煙者が吸うことを受動喫煙といい、主流煙よりも副流煙の方に害があることを知らせる。 ・喫煙は吸う人だけではなく、近くにいて副流煙を吸う人の健康にも悪影響を与えることに気づかせる。	ノート

6 まとめの活動をする。 隣の人と「受動喫煙を防ぐ工夫にはどんなものがあるのか」を話し合い、ワークシートに記入しましょう。	・隣の席の人と話し合い、できるだけ数多くの工夫をワークシートに書くように指導する。 ・よい工夫だと思ったものを発表させる。	ワークシート
保健室の先生になったつもりで、ワークシートに書いた「たばこを吸ってはいけない理由」を、隣の席の人につたえてみましょう。	・各自に「たばこを吸ってはいけない理由」を考えさせ、3つ以上ワークシートに書かせる。 ・隣の席の人と役を決め、交代でケーススタディをさせる。	
7 今日の授業で学んだことを、どのようにこれからの生活に生かすか、ノートに記入する。	・喫煙がこれからの自分の生活に与える影響について、学んだことをもとに考え、ノートに書くように指導する。	ノート
健康的な生活を送るためには、これからの生活をどのようにしていきたいですか？		

ワークシート・掲示資料（CD−ROM収録）

(CD-ROM の「07_byouki」フォルダに入っています。＜＞はファイル名です)

ワークシート
<4_worksheet.pdf(docx)>

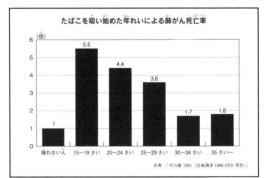

グラフ
<5_graph.pdf>

行動変容を引き出す実践⑧

保健体育（保健分野）「心身の機能の発達と心の健康」

対象：中学1年生　1時間

☆単元の内容（新学習指導要領より）

　中学校保健体育学習指導要領解説によると、「ストレスへの対処にはストレスの原因となる事柄に対処すること，ストレスの原因についての受け止め方を見直すこと，友達や家族，教員，医師などの専門家などに話を聞いてもらったり，相談したりすること，コミュニケーションの方法を身に付けること，規則正しい生活をすることなどいろいろな方法があり，それらの中からストレスの原因，自分や周囲の状況に応じた対処の仕方を選ぶことが大切であることを理解できるようにする」とされています。

　また、「リラクセーションの方法等を取り上げ，ストレスによる心身の負担を軽くするような対処の方法ができるようにする」とされています。

◆授業のねらい

○「知識・技能」の観点からは、精神と身体の密接な関係や、心の健康を保つには、欲求やストレスへの適切な対処が必要であることを理解できるようにします。ストレスへの対処方法として、リラクセーション呼吸法を取り上げ、できるようにします。

○「思考・判断・表現」の観点からは、心身の健康を保持増進する方法やストレスへの適切な対処の方法について、習得した知識や技能を自他の生活と比較・活用して課題を見つけ、課題の解決方法やその方法を選択した理由などを友達と話し合ったり、書いたりできるようにします。

◇授業の工夫点

・心の不安が体に影響している事例から、誰にでも起こることに気づかせ、ストレスやその適切な対処法について学習することへの「興味・関心」を高めます。

・欲求やストレスへの対処について自分事として捉えさせ、学習した知識をもとに、心身ともに健康な生活を送ることの大切さへの「価値観」を高めます。

・ストレスへの対処法を考える過程で、『友達に話を聞いてもらう』、『一緒にやってもらう』などの「社会的サポート」を活用することの大切さに気づきます。

・友達のストレスの対処法を聞いたり、リラクセーション呼吸法を実践したりすることで、ストレス対処への「自己効力感」を高めます。

学習活動「自分に合ったストレス対処法を見つけよう」の流れ

学習活動	指導上の留意点・生徒の反応・資料
1 心の不安や緊張が体に影響している事例のケーススタディを行う。 事例を読んで、ワークシート①の質問1の答えを書き、グループで話し合いましょう。	日常生活でストレスを感じる場面にはどんなものがあるのか、アンケートを行い、多かった内容を5つ選んでおく。 ワークシート①（142ページ）に書かれたA君の事例をもとに、心の不安や緊張が体に与える影響についてケーススタディを行う。 ・僕も同じような体験がある！ ・気にしなければいいんだよ。 ☆A君の「心の状態」「体の状態」を考えさせ、心と体は互いに密接な関係があり、影響し合っていることに気づかせる。 ☆自分の経験などをもとに不安や緊張を乗り越える方法を予想させることで、本時の学習の見通しを持たせる。 **アプローチ1 [興味・関心]（12ページ）** 心の不安や緊張が体に影響している事例について考え、ストレスやその対処法を学習することについての「興味・関心」を高めます。
2 心と体がどのように関係しているかを知る。 心の不安や緊張が体の症状に現れる仕組みについて考えましょう。	自律神経の働きと体の反応が書かれた資料①を提示し、心と体には密接な関係があり、互いに影響し合っていることを知らせる。 ☆ストレスのもとになる環境からの刺激をストレッサーといい、それによって起こる心身の変化をストレス反応ということを知らせる。 ☆ストレッサーとストレス反応の具体例を、ワークシート①に記入させる。 心と体の関係 資料①（CD－ROM収録） ☆適度なストレスは、心身を発達させるのに必要なものだが、ストレスが長い間続く場合は、心身に悪影響を与えることもあるので、適切に対処する必要があることを知らせる。
3 ストレスへの対処にはその人の考え方や周囲の人との関係が影響することを知る。 ストレスへの対処にはどんなことが影響するでしょうか。	ストレスへの対処には、その人の考え方や周囲の人との関係が影響することを知らせる。 ☆ストレスの対処には、問題の重大性をどの程度と捉えるかと問題の対処への自信、周囲からのサポートが得られるかどうかなどが影響することを知らせる。

学習活動	指導上の留意点・生徒の反応・資料
	☆問題を重大に捉え過ぎている場合は、捉え方を修正したり、前向きに捉えたりすることや、対処への自信を高めたり周囲の社会的サポートを活用することがよいことを知らせる。

ストレスを乗り越えるための考え方

	チェック1　どのくらい重要な問題か		チェック2　乗り越えられる問題か	
A	すごく重要！今回失敗したら、もう次はない。失敗したら恥ずかしい。	**問題のとらえ方をかえる** ・必要以上に重大にとらえる場合は、考え方をかえる。 ・問題を前向きにとらえる。	だめかもしれない。うまくやる自信がない。	**乗り越えられる自信を高める 家族や友だちに支えてもらう** ・いろいろな対処法を試す。 ・簡単なことからやってみる。
B	うまくやりたいけど、失敗したからといって、取り返しがつかないわけじゃない。		何とか大丈夫そう。少し緊張するけどやってみよう。	・家族や友だちに一緒にやってもらう。 ・励ましたり支えたりしてもらう。

資料②（CD－ROM収録）

> **アプローチ2［価値観（自分事)]（14ページ）**
> ストレスの対処について自分事ととして捉えさせ、心身ともに健康な生活を送ることの大切さについての「価値観」を高めます。

4 ストレスへの対処法を考える。

> どのようにストレスに対処したらよいか考えましょう。

資料②に書かれた具体的な対処法を紹介する。

ストレスに対処するいろいろな方法を考えよう

問題の重大性への考え方をかえる	問題を前向きに考える	問題を解決する自信を高める	サポートして（支えて）くれる人を持つ	心身をリラックスさせる
一度失敗しても次にがんばればいいんだ！	これをやりとげれば自分は成長できる！	簡単なことからやってみよう！先輩の上手なやり方を学ぼう。	励ましたり、手伝ったり、一緒にやってくれる人を持とう。	趣味などで気分転換しよう。腹式呼吸をして、体をリラックスさせよう。

← 資料②
（CD－ROM収録）

> **アプローチ6［社会的サポート］（32ページ）**
> ストレスへの対処法を考える過程で、「友達や大人に相談する」「一緒にやってもらう」などの社会的サポートを活用することの大切さに気づきます。

5 自分たちの身近にあるストレスと対処法について話し合う。
・自分にありそうなストレスを選び、対処法を考えて、ワークシート②に書く。

> 自分にありそうなストレスをひとつ選び、対処法をワークシート②に書きましょう。

事前に行ったアンケートで多かった5つのストレスを「中学生の5大ストレス」として発表し、自分にありそうなものを1つ選んで、対処法を考える。

僕は「3」だな……

気分転換をすればいいんだ！

「中学生の5大ストレス」

1　小学生のときの友だちとはなれてしまい、グループにうまく仲間入りできなくて、寂しくて不安になる。
2　テスト前になると、不安になりイライラして、気持ちが落ち着かなくなる。
3　部活で思ったようなプレーができない。同じ学年の仲間の中でも、自分が一番下手に思える。
4　友だちのように格好よくなりたいのに、自分の容姿に劣等感があり、落ち込んでしまう。
5　クラスや学年、友だちや先生の前など、大勢の人の前で話すとき、間違えたらどうしようと思って緊張する。

中学生の5大ストレス（イメージ）

学習活動	指導上の留意点・生徒の反応・資料
・考えたストレス対処法を発表し、話し合う。 友達が考えた対処法を聞き、自分も使えるものがあるかを考えましょう。	☆アンケート結果から、自分にもありそうなストレスを1つ選び、対処法を考えてワークシート②に書くように指導する。 ☆3と4で学習したことを生かし、「問題の重大性への考え方をかえる、サポートして（支えて）くれるひとを持つ、心身をリラックスさせる」などの方法から、現実的な対処方法を考えられるようにする。 ☆友達の発表を聞き、自分も取り入れられそうな対処法があるかを考える。
6 リラクセーション呼吸法の実習をする。 リラクセーション呼吸法をやってみましょう。	資料③を参考にしてリラクセーション呼吸法の実習をする。 ### リラクセーション呼吸法実習の手順 ☆準備 ① 椅子に座ったまま体を楽にして、背もたれに寄りかからず、背中を伸ばした姿勢をとります。 ② 息を吐きながら、背中の緊張を緩めます（せきが出たり、呼吸が苦しかったりする場合は、無理にやらないようにしましょう）。 ☆呼吸法実施 ① 目を閉じ、手はだらりとしても、おなかに添えてもいいです。次に、体から空気が出ていくのを手のひらで感じながら、4〜8秒くらいかけて、ゆっくりと口から息を吐ききります（自分にあった速さで、しかしできるだけ、ゆっくり吐くようにしましょう）。 ② 息を吐ききり、おなかの力を抜くと、自然と空気が入っていきます。このように息を吐き切ることを意識し、吐き切ると無意識に、鼻で空気を吸い込む感じを覚えます。 ③ そのまま①、②を数回繰り返します。 ☆終了動作 呼吸法を終了するときには、手を握ったり開いたりする動作や、腕の曲げ伸ばしを20回ずつ行います。最後に、大きく伸びをして終了します。 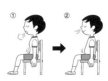 資料③（CD-ROM収録） ☆リラクセーション呼吸法の実習を行い、必要な場面で実施できるようにする。 ☆不安や緊張のある場面でも、「自分の心を落ち着いた状態に保つことができる」という自己効力感を高める。 アプローチ4［自己効力感］（22ページ） 友達のストレスへの対処法を聞いたり、呼吸法を実践したりすることで、ストレス対処への自己効力感を高めます。
7 学習のまとめをする。 今日の学習でわかったことや感想を発表してください。	授業の感想や学習したことをワークシート②に書くように指導し、数名に発表させる。 ☆学習したことを生かし、自分に合った方法でストレスにうまく対処して、心身ともに健康に生活しようとする決意を引き出す。

指　導　案

（1）本時のねらい

○精神と身体には、密接な関係があり、互いに様々な影響を与え合っていること、心の健康を保つには、欲求やストレスに対処する必要があることを理解できるようにし、ストレスによる心身の負担を軽くするような対処の方法ができるようにする。

＜知識・技能＞

○心身の健康を保持増進する方法やストレスへの適切な対処の方法について、習得した知識や技能を自他の生活と比較・活用して課題を見つけ、課題の解決方法やその理由などを友達と話し合ったり、書いたりできるようにする。＜思考・判断・表現＞

（2）準備

事前アンケートによる資料作成：「中学生の５大ストレス」

（3）展開

学習活動	指導上の留意点	資料
1 心の不安や緊張が体に影響している事例のケーススタディを行う。 事例を読んで、質問の答えを書き、グループで話し合いましょう。 ・個々にワークシート①に記入する。 ・グループで話し合う。	・部活動の大事な試合を前に、体調に異変が起きている事例をもとに、心の不安や緊張が体に与える影響についてケーススタディを行う。 ・心と体は互いに密接に関係があり、影響し合っていることに気づかせる。 ・自分の経験などをもとに不安や緊張を乗り越える方法を予想させる。	ワークシート①
2 心と体がどのように関係しているかを知る。 心の不安や緊張が体の症状に現れる仕組みについて考えましょう。	・自律神経の働きと体の反応について、資料①をもとに知らせる。 ・ストレスのもとになる環境からの刺激をストレッサーといい、それにより起こる心身の変化をストレス反応ということを知らせる。 ・ストレッサーとストレス反応の具体例を考え、ワークシート①に記入させる。	資料① ワークシート①

・ストレスとストレッサーについて話を聞く。 ・ワークシート①に記入する。	・適度なストレスは、心身を発達させるのに必要だが、ストレスが長い間続く場合は、心身に悪影響を与えることもあり、適切に対処する必要があることを知らせる。	
3 ストレスへの対処には、その人の考え方や周囲の人との関係が影響することを知る。 ・ストレスと問題の捉え方や自信、社会的サポートとの関係について話を聞く。 ストレスへの対処にはどんなことが影響するでしょうか。	・ストレスの対処には、問題の重大性をどの程度と捉えるかということ、問題の対処への自信、周囲からの社会的サポートが得られるかどうかなどが影響することを知らせる。 ・重大に捉え過ぎている場合は、修正したり、前向きに捉えたりすることや、対処への自信を高めたり、周囲の社会的サポートを活用したりするとよいことを知らせる。	資料②
4 ストレスへの対処法を考える。 どのようにストレスに対処したらよいかを考えましょう。	・資料②に書かれたストレス対処法の具体例を紹介する。 ・必要なときに信頼できる友達や大人に相談するなどのサポートが得られるように、日常のコミュニケーションを大切にする必要があることに気づかせる。	資料②
5 自分たちの身近にあるストレス対処法について話し合う。 自分にありそうなストレスをひとつ選び、対処法をワークシート②に書きましょう。	・アンケート結果から、自分にもありそうなストレスを１つ選び、対処法を考えてワークシート②に書くように指導する。 ・３と４で学習したことを生かし、「問題の重大性への考え方をかえる、サポートして（支えて）くれるひとを持つ、心身をリラックスさせる」などの方法から、現実的な対処方法を考えられるように支援する。	アンケート結果 ワークシート②

・考えたストレス対処法を発表し、話し合う。 友達が考えた対処法を聞き、自分も使えるものがあるかを考えましょう。	・友達の発表を聞き、自分も取り入れられそうな対処法があるかを考えさせる。	
6 リラクセーション呼吸法の実習をする。 リラクセーション呼吸法をやってみましょう。	・リラクセーション呼吸法の実習を行い、必要な場面で実施できるようにする。 ・不安や緊張のある場面でも、「自分の心を落ち着いた状態に保つことができる」という自己効力感を高める。	資料③
7 学習のまとめをする。	・ワークシート②に学習のまとめを記入させ、数名に発表させる。 ・学習したことを生かし、自分に合った方法で、ストレスに対処して、心身ともに健康に生活しようとする決意を引き出す。	ワークシート②

ワークシート・掲示資料（ＣＤ－ＲＯＭ収録）

（CD-ROM の「08_kokoro」フォルダに入っています。＜＞はファイル名です）

欲求やストレスへの対処と心の健康

1 年　　組　名前

1 A君の例をもとに、心と体の関係について話し合いましょう。

野球部に所属している中学1年のA君は、初めて試合に出られることになりました。しかし「試合で1本もヒットが打てなかったらどうしよう」と不安で仕方がありません。部の先輩や顧問の先生は「期待しているからがんばれ！」と声をかけてくれますが、期待にこたえられるかどうか心配です。バッターボックスに入ると、心臓がドキドキして、胸が苦しくなります。

A君の心は、どんな状態ですか？

A君の体は、どんな状態ですか？

A君の悩みを解決するにはどうしたらいいでしょうか？

2 ストレッサーとストレス反応にはどんなものがありますか？

ストレッサー	ストレス反応

ワークシート①
<1_worksheet1.pdf(docx)>

3「中学生の5大ストレス」から、1つを選び、対処法を話し合いましょう。

自分にありそうなストレス

対処法

4 学習のまとめを書きましょう。

ワークシート②
<2_worksheet2.pdf(docx)>

心と体の関係

資料①（心と体の関係）
<3_shiryou1.pdf(docx)>

ストレスを乗り越えるための考え方

資料②（ストレスの対処法）
<4_shiryou2.pdf (docx)>

リラクセーション呼吸法実習の手順

☆準備
① 椅子に座ったまま体を楽にして、背もたれに寄りかからず、背中を伸ばした姿勢をとります。
② 息を吐きながら、背中の緊張を緩めます（せきが出たり、呼吸が苦しかったりする場合は、無理にやらないようにしましょう）。

☆呼吸法実施
① 目を閉じ、手はだらりとしても、おなかに添えてもいいです。次に、体から空気が出ていくのを手のひらで感じながら、4〜8秒くらいかけて、ゆっくりと口と口から息を吐ききります（自分にあった速さで、しかしできるだけ、ゆっくり吐くようにしましょう）。
② 息を吐ききり、おなかの力を抜くと、自然と空気が入ってきます。このように息を吐ききることを意識し、吐ききると無意識に、鼻で空気を吸い込む感じも覚えます。
③ そのまま①、②を数回繰り返します。

☆終了動作
呼吸法を終了するときは、手を握ったり開いたりする動作や、腕の曲げ伸ばしを 20 回ずつ行います。最後に、大きく伸びをして終了します。

資料③（リラクセーション呼吸法の手順）
<5_shiryou3.pdf(docx)>

保健体育（保健分野）「自然災害による傷害の防止」
対象：中学2年生　1時間

☆単元の内容（新学習指導要領より）

　中学校学習指導要領解説（保健体育編）によると、「自然災害による傷害の原因」（地震では、家屋の倒壊や家具の落下、転倒など）、「二次災害による傷害の発生」について理解できるようにすること、また、自然災害による傷害の防止には、「日頃から災害時の安全の確保に備えておくこと」、「災害情報を正確に把握すること」、地震などの発生時や発生後には、「周囲の状況を的確に判断し、冷静・迅速・安全に行動すること」などが必要であることを理解できるようにすることとしています。また、地域の実情に応じて、気象災害や火山災害などについても触れるようにすることとしています。

◆授業のねらい

○「知識」の観点からは、自然災害による傷害は、災害発生時だけではなく二次災害によっても生じること、自然災害による傷害の多くは、災害に備えておくこと、災害情報を正確に把握すること、冷静・迅速・安全に行動することによって防止できることを理解できることをねらいとします。

○「思考・判断・表現」の観点からは、自然災害による傷害の防止について、習得した知識を自他の生活の課題解決に役立て、危険を予測し、回避する方法を考え、表現することができることをねらいとします。

◇授業の工夫点

・調べ学習を通じて自然災害の被害の大きさと日本各地で発生している事実を知り、自然災害の学習の意義・重要性を理解させ、「動機づけ」を強めます。

・災害発生時に自分たちが直面しそうな事例を挙げ、「自分事」として捉えるとともに、日頃の備えの「有効性」を認識させます。

・自分の家庭の課題を考えさせ、実行への「意思決定・決意」を促します。

学習活動「自然災害による傷害の防止」の流れ

学習内容	指導上の留意点・生徒の反応・資料
1 前時を振り返り、本時の学習内容を知る。 今日は「自然災害による傷害の防止」について学習します。	・コンピュータ教室でのグループ学習とする。 本時では「自然災害による傷害の防止」について学ぶことを伝える。 **アプローチ3［ステージ］（18 ページ）** 「無関心期」「関心期」を想定し、防災行動への動機づけの強化を図ることに重点を置きます。
2 近年の自然災害について、インターネットで調べる。 日本で発生した近年の自然災害にはどのようなものがありますか。インターネットで調べましょう。	・近年発生した日本での大規模な自然災害について、災害の種類、場所、犠牲者数などについて、インターネットで調べて、グループシート①に記入させる。 ○○大震災（○○○○年、○○県、△△県など、犠牲者○○○○名） 　　　　　○○地震（○○○○年、○○県、犠牲者○○名） 　　　　　○○豪雨（○○○○年、○○県、犠牲者○○名） ○○台風（○○○○年、○○県、△△県など、犠牲者○○名） 　　　　　　　　　　　　　　　　　　　　　　　など ・1 枚の日本の白地図に発生場所を書き込み、地震・津波、風水害・土砂災害、火山災害などの自然災害が日本中で起こっていることに気づく。 ・重大な被害をもたらしていること、自分たちにも関わることを強調する。 ・いつ大きな災害が起きてもおかしくない！ ・日本中で起こっているね ・他人事ではないね **アプローチ2［価値観（重大性・自分事）］（14 ページ）** 自然災害による被害の重大さと、自分たちにも関わることであることを理解します。
3 地震や風水害が発生したときに、どのように傷害が発生するかを考える。 地震や風水害では、どのように死傷者が発生しますか。グループで考えましょう。	・日本では地震、風水害が多いので、それらについて考えることとする。 ・自然災害時にどのように死傷者が発生するのかを考えさせ、ワークシートに記入させる。 地震では ・家具が倒れる ・物が落ちてくる ・家や塀、建物が倒壊する ・津波　・火災　 風水害では ・川や海で溺れる ・土砂災害に巻き込まれる ・風で飛ばされる

学習内容	指導上の留意点・生徒の反応・資料
	・地震では、家屋の倒壊、家具の転倒・落下、看板などの転倒・落下などによって傷害が発生するが、それだけではなく二次災害（津波、土砂崩れ、地割れ、火災など）によっても死傷者が出ることに気づかせる。 ・風水害では、増水した河川等による溺水のみではなく、二次災害の土砂災害による死傷者が多いことを知らせる。
4 災害発生時点の行動を考える。 地震や風水害発生時の傷害を防ぐには、何をする必要がありますか。	・傷害を防ぐには、何をする必要があるのかをワークシートに記入させる。 ・正確な情報を収集する　・早めの避難　・火の始末 ・身の安全の確保　・避難勧告等の指示に従う ・危険な場所や割れたガラスに注意　など 災害情報を正確に把握すること、周囲の状況を的確に判断し、自他の安全を確保するために冷静かつ迅速に行動する必要があることを知らせる。 ・不正確な情報を信用せず、テレビやラジオ、防災行政無線、公的機関の緊急地震速報、緊急災害情報などから、正しい情報を収集する必要があることを知らせる。
5 自然災害が発生して、困難な状態になったときのことを想像し、日ごろの備えを考える。 困難な状態になったときのことを想像し、それを防ぐためにはどうしたらよいかを考えてください。	・各グループにそれぞれテーマを与え、それを防ぐためにはどうしたらよいかを考え、グループシート①②に記入し、発表させる。 ①家具が倒れて家族がけがをしたが、電話が通じず救急車が来ない。道路が混乱していて自動車も出せない。 ②外出している家族と連絡がとれず、安否が心配。交通網もストップ。 ③救急用品がなく、当面の手当もできない。 ④飲み水、食べ物がない。防寒具がない。 ⑤情報の意味がわからず、災害の状況を理解できない。 ⑥散乱したガラスを踏んで、靴が破れて避難できない。 ・日頃の備えの重要性に気づかせる。 **アプローチ2［価値観（自分事・重要性）］（14ページ）** 災害発生時に直面しそうな事例を挙げ、自分事として捉えるとともに、備えの重要性を理解します。 **アプローチ2［価値観（有効性）］（14ページ）** 日頃の備えによって、困難な状況を有効に回避できることを理解します。

学習内容	指導上の留意点・生徒の反応・資料
6 日頃からの備えについて必要なことを考える。 自然災害発生の備えとして、必要なことを挙げましょう。	・自然災害に対する備えとして、自分の家での課題や対策を考え、ワークシートに記入し、発表させる。 ・家具の転倒　・落下防止対策 ・非常用持ち出し品の用意　・情報について理解しておく ・家族と連絡方法の取り決め ・危険な場所をチェックしておく ・厚底の靴を用意（ガラスの散乱） ・ラジオ（電池）を用意しておく ・不正確な情報を信用せず、テレビやラジオ、防災行政無線、公的機関の緊急地震速報、緊急災害情報などから正しい情報を収集する必要があることを知らせる。
7 災害への備えの具体的な方法について調べる。	・グループ別にインターネットで次の内容を調べ、グループシート②に記入し、発表させる。 ①気象庁による「注意報」「警報」「特別警報」とは何か ②市区町村長が発令する、「避難準備・高齢者等避難開始」「避難勧告」「避難指示（緊急）」とは何か ③地域のハザードマップとは何か　④家具等の転倒・落下防止について ⑤非常用持ち出し品の内容　⑥災害用伝言ダイヤルの使い方 **アプローチ3［ステージ］（18ページ）** 「準備期」を想定し、家庭の防災対策への行動化につなげます。 **アプローチ5［決意］（28ページ）** 自分の家庭の課題に当てはめ、家庭の防災対策にどのように生かすかの意思決定をします。
8 自然災害の対策についての自分の家庭の課題と対策を記入する。 自分の家庭の自然災害の対策について、課題と改善策を考えて、ワークシートに記入しましょう。	・本時で学んだ知識を活用して、自分の家庭の対策に活用するように促す。 私の家では、家具は固定してあるけど、非常用持ち出し品の準備が不十分なので、家族と考えたいです。 自然災害が身近に感じました。私の家では連絡方法の取り決めがないので、家族と話し合いたいです。
9 わかったことと感想を記入する。	・学習してわかったことを、ワークシートに記入させる。

指　導　案

（1）本時のねらい

○自然災害による傷害は、災害発生時だけではなく二次災害によっても生じること、
　自然災害による傷害の多くは、災害に備えておくこと、災害情報を正確に把握す
　ること、冷静・迅速・安全に行動することによって防止できることを理解できる。

＜知識＞

○自然災害による傷害の防止について、習得した知識を自他の生活の課題解決に役立
　て、危険を予測し、回避する方法を考えることができる。　＜思考・判断・表現＞

（2）準備

・コンピュータ教室で授業を行う（インターネットを利用する）
・日本の白地図　　・ワークシート　・グループシート

（3）展開

学習活動	指導上の留意点	資料
1 前時を振り返り、本時の学習内容を知る。 今日は「自然災害による傷害の防止」について学習します。	・本時では「自然災害による傷害の防止」について学ぶことを伝える。 ・自然災害を自分事として捉えられていない「無関心期」「関心期」であることを想定し、防災行動への動機づけを図る。	
2 近年の自然災害について、インターネットで調べる。 日本で発生した近年の自然災害にはどのようなものがありますか。インターネットで調べましょう。	・近年日本で発生した大規模な自然災害について、災害の種類、年、場所、犠牲者数等について、インターネットで調べて、グループシートに記入する。 ・全体で1枚の日本の白地図に自然災害を書き込み、地震・津波、風水害・土砂災害、火山災害などの自然災害が日本の各地で起こっていることに気づかせる。 ・自然災害が、各地に重大な被害をもたらしていることと、自分たちにも関わることを強調する。	白地図 グループシート

3 地震や風水害が発生したときに、どのように傷害が発生するかを考える。 地震や風水害では、どのように死傷者が発生しますか。グループで考えましょう。	・日本では地震、風水害が多いので、それらについて考えることとする。 ・自然災害時にどのように死傷者が発生するのか、グループで考えさせ、ワークシートに記入させる。 ・地震では、家屋の倒壊、家具の転倒・落下、看板などの転倒・落下などによって傷害が発生するが、それだけではなく二次災害（津波、土砂崩れ、地割れ、火災など）によっても死傷者が出ることに気づかせる。 ・風水害では、増水した河川等による溺水のみではなく、二次災害の土砂災害による死傷者が多いことを知らせる。	ワークシート
4 自然災害発生時に必要な行動をワークシートに記入する。 地震や風水害発生時の傷害を防ぐには、何をする必要がありますか。	・情報収集、避難、安全確保、避難勧告等の指示に従うなど、多様な視点から考えられるように支援する。 ・災害発生時の信頼できる情報源について触れる。 ・本時の学習内容である「災害情報の正確な把握、的確な判断、冷静かつ迅速な行動の必要性」についてしっかり押さえさせる。	ワークシート
5 自然災害が発生し、困難な状態になったときのことを想像し、日頃の備えを考える。 大きな自然災害が発生したときに、このような状況に陥る恐れがあります。そのときの状況や、それを防ぐための備えを話し合いましょう。	・各グループにそれぞれテーマを与え、それぞれの状況について感じたことや、そうならないためにはどうしたらよいかを考え、グループシート①②に記入し、発表させる。 ・日頃の備えの重要性に気づかせる。	グループシート①②

6 日頃からの備えについて必要なことを考える。	・自然災害に対する備えとして、自分の家での課題や対策を考え、ワークシートに記入し、発表させる。 ・不正確な情報を信用せず、正しい情報を収集する必要があることを知らせる。	ワークシート
7 災害への備えの具体的な方法について調べる。	・グループ別にインターネットで次の内容を調べ、発表させる。 ①気象庁による「注意報」「警報」「特別警報」について ②市区町村長が発令する、「避難準備・高齢者等避難開始」「避難勧告」「避難指示（緊急）」について ③地域のハザードマップ ④家具等の転倒・落下防止 ⑤非常用持ち出し品 ⑥災害用伝言ダイヤル	グループシート②
8 自然災害の対策についての自分の家庭の課題と対策をワークシートに記入する。 自分の家の防災対策について、課題と改善策を考えて、ワークシートに記入しましょう。	・自分の家庭の課題に当てはめ、家庭の防災対策にどのように生かすかを意思決定させる。	ワークシート
9 わかったことと感想を記入する。	・学習してわかったことを、ワークシートに記入させる。	ワークシート

ワークシート・掲示資料（CD−ROM収録）

（CD-ROM の「09_saigai」フォルダに入っています。＜＞はファイル名です）

保健体育
（保健分野）**自然災害による傷害を防ぐために**
年　組　名前

１．地震、風水害での傷害の起こり方を書きましょう。

２．災害発生時に必要な行動を書きましょう。

３．自然災害に対する備えとして、自分の家の課題と対策を考えましょう。

４．今日の学習でわかったことを書きましょう。

ワークシート
<1_worksheet.pdf(docx)>

保健体育
（保健分野）自然災害による傷害を防ぐために（グループシート）
年　　組　グループの生徒の名前

○ 近年日本で発生した大規模な自然災害について、インターネットで調べましょう。

災害の種類、年、場所、犠牲者数など

≪自然災害発生時の「困難な状況」≫
○ 自然災害発生時には、次のような「困難な状況」に陥ることがあります。
≪困難な状況≫

①家具が倒れて家族がけがをしたが、電話が通じず救急車が来ない。道路が混乱していて自動車も出せない
②外出している家族と連絡がとれず、安否が心配。交通網もストップ
③救急用品がなく、当面の手当もできない
④飲み水、食べ物がない、防寒具がない
⑤情報の意味がわからず、災害の状況を理解できない
⑥散乱したガラスを踏んで、靴が破れて避難できない

１　各グループで①～⑥の状況からひとつを決めて、その状況について感じたことを話し合いましょう。
２　そうならないためにはどうしたらよいかを考えましょう。

グループシート①
<2_groupsheet1.pdf(docx)>

あなたのグループで話し合った困難な状況（番号　　　　）
１　その状況について感じたこと（グループで出た意見）

２　そうならないためにはどうしたらよいか（グループで出た意見）

≪自然災害発生への「備え」≫
○ 自然災害発生への「備え」として、各グループで下記の①～⑥のテーマからひとつを選んで調べましょう。
≪困難な状況≫

①気象庁による「注意報」「警報」「特別警報」とは何か
②市区町村長が発令する、「避難準備・高齢者等避難開始」「避難勧告」「避難指示（緊急）」とは何か
③地域のハザードマップとは何か
④家具等の転倒・落下防止について
⑤非常用持ち出し品の内容
⑥災害用伝言ダイヤルの使い方

調べたテーマ（番号　　　　）

調べてわかったこと

グループシート②
<3_groupsheet2.pdf(docx)>

行動変容を引き出す実践⑩

保健体育（保健分野）「健康な生活と疾病の予防」

対象：中学3年生　1時間

☆単元の内容（新学習指導要領より）

　中学校保健体育学習指導要領解説によると、「医薬品には，主作用と副作用があること及び，使用回数，使用時間，使用量などの使用法があり，正しく使用する必要があることについて理解できるようにする。」とされています。

◆授業のねらい

○「知識」の観点からは、医薬品には主作用と副作用があること、使用回数、使用時間、使用量などの使用法があり、正しく使用する必要があることを理解できるようにすることをねらいとします。

○「思考・判断・表現」の観点からは、医薬品の主作用と副作用、正しい使用法について、課題の解決を目指して科学的に考え、判断し、それらを表すことができることをねらいとします。

◇授業の工夫点

・薬の危険な使用により重大な事故を起こす例もあることを知らせるとともに、自分が軽い気持ちで行っていた薬の使用法にも危険があることに気づかせます。

・自分たちで用意した薬の説明書から『用法・用量（年齢など）』『使用上の注意』など、自分が使用する際に必要な情報を読み取ってワークシートにまとめる体験を通し、薬を正しく使用することへの「自己効力感」を高めます。

学習活動「薬の正しい使い方を知ろう」の流れ

学習活動	指導上の留意点・生徒の反応・資料
1 危険な薬の使い方について話し合う。 ・使い方を誤って、危険なことになった事例を聞く。 薬の誤った使い方について考えましょう。	かぜ薬を大量に飲んで車を運転し、交通事故を起こしたニュースを知らせ、医薬品の誤った使用の怖さについて話し合う。 ☆29歳の男性が市販のかぜ薬を大量に飲んで、意識がもうろうとした状態で車を運転し、6人がけがをする交通事故を起こしたといったニュースを伝え、医薬品の誤った使用について考えさせる。 アプローチ1［興味・関心］（12ページ） 事例を聞き、薬の使用について学習することについての「興味・関心」を高めます。
・自分が経験した薬の使い方を話し合う。 危険な薬の飲み方をしたことがありませんか？	危険な薬の使い方を体験したことがないかを想起させ、薬の正しい使い方について学習する課題意識を持たせる。 量を増やした方がよく効くと思って、2倍の量を飲んだ！ ・錠剤を水なしで飲んだ！ ・病院に行く時間がなくて、妹の薬を飲んだ！
2 薬の役割について話し合う。 薬にはどんな役割があるのかを考えましょう。	薬は自然治癒力を助け、健康を維持、回復させるものであることに気づかせる。 ☆薬は、人間の体にもともと備わっている病気やけがを治そうとする力（自然治癒力）を助けるものであることを知らせる。 ☆安易に薬に頼らず、自然治癒力を高めるため、普段から健康的な生活習慣を続ける必要があることに気づかせる。
3 薬の正しい使用方法を知る。 薬はどのように使用すればよいでしょうか？ ・薬の量と効果について知る。 ・薬の様々な形とその意味を知る。	薬は正しく使用しないと効果がないことに気づかせる。 ☆飲み薬は、胃などで溶けて小腸から吸収されて肝臓を経て血液に入り、全身に運ばれて効果を現すことを知らせる。 ☆薬の「効き目」は、体の中の薬の量（血中濃度）で決まることを知らせ、量が違えば効き目が現れなかったり、危険だったりすることに気づかせる。 ☆薬には、錠剤、カプセル、顆粒、軟膏など、様々な形があり、それによって効果が大きくなるように工夫されていることを知らせる。

学習活動	指導上の留意点・生徒の反応・資料
・カプセルの実験をする。	☆カプセルの吸着実験※をして、薬の形と効き目、正しい使い方には関係があることに気づかせる。 ※水で濡らした指で薬のカプセルを触ると指にくっ付くのを見て、カプセル剤を水無しで飲むと、食道にくっ付いてしまう危険性があるのを知らせる実験。 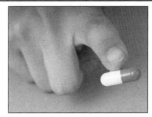 カプセルの吸着実験
4 薬の主作用と副作用について知る。 薬は体の中で、どのように作用するのでしょうか。 ・薬の主作用と副作用についてワークシート①にまとめる。	薬には、主作用と副作用があることを知る。 ☆自分の経験と結びつけて考えさせ、薬は正しく使用すれば疾病を治療・予防できるが、誤って使用すると健康を阻害することに気づかせる。 アプローチ2［価値観（自分事）］（14ページ） 薬を正しく使用しないと、効果がなかったり、健康被害が起こったりすることを自分事として捉えます。 ☆薬の作用と副作用の例を紹介する。 ☆薬には主作用（本来の目的である病気を治したり軽くしたりする働き）と副作用（本来の目的以外の好ましくない働き）があることを知らせる。
5 医薬品を正しく使う方法を考える。 薬を正しく使うにはどうしたらいいでしょうか？ ・自分で薬を買うときの注意点を話し合う。 ・「お薬手帳」について知る。	正しく使うには、正しく選んで買うこと、使用法を守ることが必要であることに気づかせる。 ☆薬を自分で買うときには、対象年齢や使用上の注意などに気をつけて買う必要があることに気づかせる。 ☆安易にOTC薬やサプリメントなどに頼り過ぎないように注意を促す。 ☆「お薬手帳」の活用法について知らせる。
6 グループで薬の説明書の読み方について話し合う。 薬の説明書にどんなことが書かれているでしょうか？	教師が用意した薬の説明書を見て、どんな内容が書かれているかを話し合い、ワークシート①に書き出させる。

学習活動	指導上の留意点・生徒の反応・資料
・説明書に書かれている項目をワークシート①に書き出す。 ・自分たちが使用すると仮定し、必要な情報を書き出す。	☆「用法・用量（年齢）」「使用上の注意」「相談すること」のほか、「効能」「成分」「保管及び取り扱い上の注意」などの書かれている項目を書き出させる。 ☆自分たちが使用すると仮定し、「飲む量・時間」「使用上の注意」「相談すること」など必要な情報を説明書から読み取り、まとめさせる。
7 説明書から薬の正しい使い方を読み取る体験をする。 説明書を読んで、必要な情報をワークシート②にまとめましょう。	グループごとに自分たちが用意した薬の説明書から、自分が使用すると仮定した場合の「用法・用量（年齢など）」「使用上の注意」などをワークシート②にまとめさせる。 ☆いろいろな説明書の内容を分析することにより、「用法・用量（年齢など）」などの説明書に書かれている項目があることに気づかせる。 ☆説明書から必要な情報を把握する体験をすることで、薬を正しく使うことへの自己効力感を高める。 **アプローチ4 ［自己効力感］（22 ページ）** グループで薬の説明書を分析し、正しい情報を読みとる経験から、薬を正しく使用することへの自己効力感を高めます。
8 ワークシート②に学習のまとめを書く。	ワークシート②に、「薬を正しく使用した場合のプラス面」と「マイナス面」を記入する。 ☆ワークシート②の図に、「薬を正しく使用した場合のプラス面」と「マイナス面」を記入させる。 ☆マイナス面よりプラス面の方がはるかに大きいことに気づかせ、注意を守って正しく使う意思決定ができるように支援する。 **アプローチ5 ［決意］（28 ページ）** 薬を正しく使用した場合のプラス面とマイナス面を比べ、プラス面がはるかに大きいことに気づき、薬を正しく使用する決意を引き出します。

指　導　案

（1）本時のねらい

○医薬品の主作用と副作用、正しい使用法について、課題の解決に役立つ基礎的な事項を言ったり書いたりすることができる。　　　　　　　　　　　　　　＜知識＞

○医薬品の主作用と副作用、正しい使用法について、課題の解決を目指して科学的に考え、判断し、書くことができる。　　　　　　　　　　　　＜思考・判断・表現＞

（2）展開

学習活動	指導上の留意点	資料
1 誤った薬の飲み方による危険な事例や、自分が経験した危険な薬の使い方について話し合う。 薬の誤った使い方について考えましょう。 ・自分が経験した危険な薬の使い方を話し合う。 危険な薬の使い方をしたことがありませんか？	・かぜ薬を大量に飲んで車を運転し、6人が負傷する交通事故を起こしたニュースなどといった医薬品の誤った使用に関する事例を知らせる。 ・ほかにもありがちな誤った薬の飲み方について例を挙げる。 ・水なしで錠剤を飲んだ、量を多くして飲んだ、ほかの人が処方された薬を飲んだなど、危険な薬の使い方を体験したことがないかを想起させ、薬の正しい使い方について学習する課題意識を持たせる。	
2 薬の役割について話し合う。 薬には体にとってどんな働きがあるのかを考えましょう。	・薬は人間の体にもともと備わっている病気やけがを治そうとする力（自然治癒力）を助け、健康を維持・回復させるものであることに気づかせる。 ・安易に薬に頼らず、自然治癒力を高めるため、普段から健康的な生活習慣を心がける必要があることに気づかせる。	

3 薬の体内での作用の仕方を知る。	・飲み薬は、胃などで溶けて、小腸から吸収され、肝臓を経て血液に入り、全身に運ばれて効果を現すことを知らせる。	
薬はどのように使用すればよいでしょうか？	・薬の「効き目」は、体の中の薬の量（血中濃度）で決まることを知らせ、量が違えば効き目が現れなかったり、危険だったりすることに気づかせる。	
・薬の様々な形とその意味を知る。	・薬には、錠剤、カプセル、顆粒、軟膏などといったさまざまな形のものがあり、それによって効果が大きくなるように工夫されていることを知らせる。	
・カプセルの吸着実験を行い、薬の特徴を知る。	・カプセルの吸着実験を行い、薬の形と効き目、正しい使い方には関係があることに気づかせる。	
4 薬の主作用と副作用について知る。	・自分の経験と結びつけて考えさせ、薬は正しく使用すれば疾病を治療・予防できるが、誤って使用すると健康を阻害することに気づかせる。	ワークシート①
薬は体の中で、どのように作用するのでしょうか。	・薬の主作用と副作用の例を紹介する。	
・薬の主作用と副作用について隣の席の生徒と話し合いながらワークシート①にまとめる。	・薬には主作用（本来の目的である病気を治したり軽くしたりする働き）と副作用（本来の目的以外の好ましくない働き）があることを知らせる。 ・隣の席の生徒と話し合いながら、ワークシート①にまとめるように指導する。	
5 薬を正しく使う方法を考える。	・正しく使うには、正しく選んで買うこと、使用法を守ることが必要であることに気づかせる。	
薬を正しく使うにはどうしたらいいでしょうか？	・薬を自分で買うときには、対象年齢や使用上の注意などに気をつけて買う必要があることに気づかせる。	

・自分で薬を買うときの注意点を話し合う。 ・「お薬手帳」について知る。	・安易にOTC薬やサプリメントなどに頼り過ぎないように注意を促す。 ・「お薬手帳」の活用法について知らせる。	
6 グループで薬の説明書の読み方について話し合う。 薬の説明書にはどんなことが書かれているでしょうか？ ・書かれている項目をワークシートに書く。 ・自分たちが使用すると仮定し、「飲む量・時間」「使用上の注意」「相談すること」などをワークシート①に書く。	・教師が用意した薬の説明書の内容から、「用法・用量（年齢）」「使用上の注意」「相談すること」のほか、「効能」「成分」「保管及び取り扱い上の注意」などの書かれている項目をグループで話し合い、ワークシート①に書き出させる。 ・自分たちが使用すると仮定し、必要な情報を説明書から読み取り、まとめさせる。	ワークシート①
7 説明書から薬の正しい使い方を読み取る体験を通して、正しく使うことへの自己効力感を高める。 説明書を読んで、必要な情報をまとめましょう。	・グループごとに自分たちが用意した説明書から、自分が使用すると仮定した場合の「用法・用量（年齢など）」「使用上の注意」などをワークシート②にまとめさせる。 ・説明書の内容を分析することにより、「用法・用量（年齢など）」などの説明書に書かれている項目があることに気づかせる。 ・説明書から必要な情報を把握する体験をすることで、薬を正しく使うことへの自己効力感を高める。	ワークシート②
8 学習のまとめをワークシート②に記入する。 今日の学習を生かして、ワークシート②の図に言葉を書き込んでください。	・ワークシート②の図に、「薬を正しく使用した場合のプラス面」と「マイナス面」を記入させる。 ・マイナス面よりプラス面の方がはるかに大きいことに気づかせ、注意を守って正しく使う意思決定ができるように支援する。	ワークシート②

ワークシート・掲示資料（CD−ROM収録）

(CD-ROM の「10_kusuri」フォルダに入っています。＜＞はファイル名です)

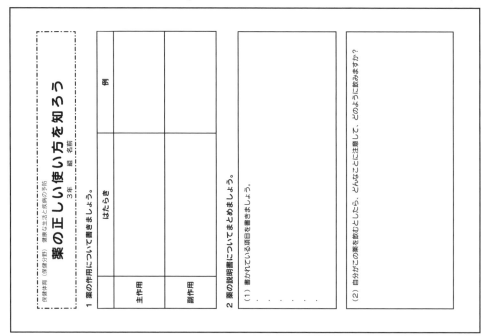

ワークシート①
<1_worksheet1.pdf(docx)>

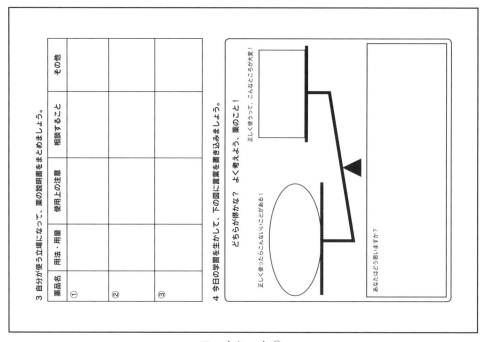

ワークシート②
<2_worksheet2.pdf(docx)>

学級活動 「健康の土台となる生活習慣」

対象：中学生　2時間

学級活動の内容（学習指導要領より）

　中学校学習指導要領解説（特別活動編）では、「エ．心身ともに健康で安全な生活態度や習慣の形成」において、食事・運動・休養の効用と余暇の活動が挙げられており、また、「オ」として、望ましい食習慣の形成が重視されています。

　中学生の夜更かしや朝食欠食などの基本的生活習慣の乱れは、健康や学習に悪影響を及ぼすと考えられており、生活習慣の改善は極めて重要です。しかし、これらの生活習慣は毎日のこととして生徒の生活の一部に根づいていることもあり、改善するのは簡単ではありません。生徒が生活習慣改善の必要性を知り、動機づけを強め、行動変容の技法を活用しながら、望ましい行動を習慣化していく必要があります。この授業では、睡眠習慣と朝食摂取を取り上げ、生活習慣の改善を図っています。

◆授業のねらい

＜1時間目＞「健康の土台となる生活習慣（よい睡眠習慣と生活習慣）」

163ページ「指導案」の「（1）本時のねらい」を参照。

＜2時間目＞「行動を上手に変えるための工夫」

169ページ「指導案」の「（1）本時のねらい」を参照。

◇授業の工夫点

・生徒の「ステージ」を想定し、ステージに合った働きかけをします。

・「自己実現」と関連させ、健康への「興味・関心」を高めます。

・自分たちの調査結果をもとに、「価値観（自分事、重要性、有効性など）」を伝えて生きて働く知識を取得します。

・目標設定により、「決意」を促すとともに「自己効力感」を高めます。

・自分の生活を振り返って目標を立て、「問題解決」に取り組みます。

・「セルフモニタリング」「意思決定バランス」「環境と刺激の統制」など、多様な行動変容のアプローチを用いて行動変容を促します。

学習活動「健康の土台となる生活習慣（よい睡眠習慣と生活習慣）」の流れ

学習活動	指導上の留意点・生徒の反応・資料
※**事前の活動** ・「心と体の調子調べ」と「生活習慣調べ」（165 ページ）を行う。	☆データを集計し、グラフにしておく。

学習活動	指導上の留意点・生徒の反応・資料
1 自分の「夢・目標」について発表し、「夢・目標」に近づくためには毎日の健康が土台になることを確認する。 夢や目標、なりたい自分について教えてください。	自分の夢・目標をワークシートに記入させ、資料を見せながら自己実現に向けて、「意欲と努力を継続すること」が重要であり、夢・目標の実現の土台が「健康」であることを気づかせる。 部活でレギュラーに……。　 看護師になって、人の役に立ちたい。 夢や目標をかなえるために、皆さんに共通して必要なことがあります。それは心身ともに健康でいることです。  資料「夢・目標の実現の土台」 （CD-ROM 収録） **アプローチ1［興味・関心］（12 ページ）** 健康が自己実現と関連することを知り、関心を高めます。 **アプローチ3［ステージ］（18 ページ）** 「無関心期」、「関心期」を想定し、行動変容への動機づけの向上に重点を置きます。
2 生徒の不定愁訴の現状と、生活習慣の乱れがあることを知る。 皆さんは、どのくらい健康なのでしょうか。「心と体の調子調べ」と「生活習慣調べ」の結果を予想してください。	「心と体の調子調べ」と「生活習慣調べ」の結果を予想し、自分たちの健康状態に目を向けさせる。 《からだの不調》に関する項目（9項目） ①頭が重い、ぼんやりする ②横になって休みたい ③目がつかれる　④頭が痛い ⑤肩がこる　⑥腰や手足が痛い ⑦体がだるい　⑧ねむい ⑨急に立った時にたおれそうになったり、めまいがする 平均 4.4 項目。なんと 15 人に1人が7つ以上に○ 《こころの不調》に関する項目（7項目） ①考えがまとまらない ②イライラする　③根気がなくなる ④人と話すのがいや　⑤夜眠れない ⑥何もやる気がしない ⑦大声を出したり、思いきり暴れまわったりしたい 平均 1.8 項目 5つ以上に○、が 10％も！ 健康とはいえない状態で生活している生徒が多い 調査結果（イメージ）

学習活動	指導上の留意点・生徒の反応・資料
	寝る時刻　　　　　　　朝食 グラフ（イメージ） ・夜更かしの生徒がこんなにいる。 ・7割以上は朝食を食べているようだ。 **アプローチ2［価値観（自分事）］（14ページ）** 自分たちの調査結果を知り、自分事として捉えるようにします。
3 生活習慣と健康状態の関連について、養護教諭の話を聞く。	生活習慣の改善によって、心身の健康状態が大きく改善することに気づかせる。 睡眠や朝食などの生活習慣が悪化すると、体や心の不調で当てはまる項目が多くなります。しかし、睡眠や朝食などの生活習慣を改善することで、心身の健康状態が大きく改善します。睡眠と朝食はとても重要なのです。 **アプローチ2［価値観（有効性）］（14ページ）** 生活習慣の改善が、健康の改善に有効であることを理解させます。
4 睡眠や朝食摂取が適切な場合と不適切な場合の影響について、グループでブレインストーミングを行い、まとめて発表する。 適切な睡眠や朝食摂取によるプラス面と、睡眠不足や朝食欠食によるマイナス面について、グループで挙げてみましょう。	「意思決定バランス記入用紙」を使って示すことで、睡眠と朝食の重要性と行動変容の有益性への認識と意欲を高める。 ☆睡眠や朝食が心身の健康や生活に及ぼす影響をワークシートに書き、意思決定バランス記入用紙にまとめさせる。 こちらの方がいい！ **意思決定バランス記入用紙** **睡眠や朝食が適切な場合** ・元気 ・体調がいい ・集中できる ・部活をがんばる　　など **睡眠不足や朝食欠食の場合** ・元気がない ・体調がすぐれない ・ぼんやりする ・やる気が出ない　　など **夢をかなえるのは、どちらのあなた？** 意思決定バランス記入用紙（CD-ROM収録）

学習活動	指導上の留意点・生徒の反応・資料
	アプローチ2［価値観（重要性）］（14ページ） 意思決定バランスから、よい生活習慣の意義を明確にします。
	アプローチ8［問題解決］（40ページ） アプローチ5［決意］（28ページ） 問題解決するための目標を決め、グループで発表して決意を高めます。
5 自分の課題をワークシートに記入し、1週間取り組む目標を考えて、セルフモニタリング・シート①に書き、グループでアドバイスし合う。	自分自身の生活を振り返って課題を考え、取り組むべき目標を決める。
	アプローチ3［ステージ］（18ページ） 「準備期」を想定し、行動の開始を図ります。
	☆上手な目標の立て方（具体的で適切な目標レベル）を紹介し、自己効力感を引き出す。
自分の目標をシートに記入し、グループの中で発表し、お互いにアドバイスし合いましょう。	アプローチ4［自己効力感］（22ページ） 上手な目標設定により、自己効力感を高めます。
	☆セルフモニタリング・シート①の書き方を説明する。 ☆塾や習い事で困難な曜日などがある場合は、曜日に応じて目標を変えてよいことを伝える。
	アプローチ7［セルフモニタリング］（36ページ） 目標達成に向けて、行動化を図ります。
	☆グループ内で公表し、互いにアドバイスや励ましを与え合うことで、互いにサポートし合う。
6 授業でわかったことをまとめる。	☆1週間努力するように励まし、1週間後に実践の状況を発表してもらうことを伝える。
※事後の活動 ・セルフモニタリング・シート①を1週間取り組む。	☆目標達成に向けて、粘り強く取り組むように励ます。

指 導 案

（1）本時のねらい

○生活習慣（睡眠、朝食など）が健康と深く関連していることを理解することができる。　　　　　　　　　　　　　　　　　　　　　　　＜知識・技能＞

○生活習慣（睡眠、朝食など）の状況について、自分自身の生活を振り返り、課題を明らかにすることができる。　　　　　　　　　　　＜思考・判断・表現＞

○健康に対する生活習慣（睡眠、朝食など）を改善しながら、粘り強く取り組むことができる。　　　　　　　　　　　　　　　　　　　　　　　　＜態度＞

（2）準備

・「生活習慣調べ、心と体の調子調べ」の実施と集計（グラフ）

（3）展開

学習活動	指導上の留意点	資料
※**事前の活動**	・「心と体の調子調べ」と「生活習慣調べ」を行い、データを集計してグラフにしておく。	調査資料
1 自分の「夢・目標」について発表し、「夢・目標」に近づくためには毎日の健康が土台になることを確認する。	・自分の夢・目標をワークシートに記入し、自己実現に向けて、「意欲と努力を継続すること」が重要であることに気づかせ、その土台が「健康」であることに気づかせる。 ・建設的な夢や目標を持てるように支援する。	ワークシート資料(夢・目標の土台)
2 生徒の不定愁訴の現状と、生活習慣の乱れがあることを知る。 皆さんは、どのくらい健康なのでしょうか。「心と体の調子調べ」と「生活習慣調べ」の結果を予想してください。	・健康とはいえない状態で生活している生徒が少なくないという現状に気づかせ、自分事として受け止められるようにする。 ・夜更かしの生徒が多数みられることや、朝食を食べない生徒が目立つことに着目させ、生活習慣の乱れをグラフで示す。	「生活習慣調べ、心と体の調子調べ」の結果

3 生活習慣と健康状態の関連について、養護教諭の話を聞く。	・生活習慣の改善によって、心身の健康状態が大きく改善することに気づかせる。 ・十分な睡眠と朝食の重要性を強調し、科学的にわかっていることも追加する。	
4 睡眠や朝食摂取が適切な場合と不適切な場合の影響について、グループでブレインストーミングを行い、まとめて発表する。 適切な目標や朝食摂取によるプラス面と、睡眠不足や朝食欠食によるマイナス面について、グループで挙げてみましょう。	・「適切な場合」と「不適切な場合」の健康や生活への影響をワークシートに記入し「意思決定バランス記入用紙」にまとめて、左右に分けて対比する。 ・夢・目標の実現のために、生活習慣（睡眠、朝食など）の改善が大切であることを確認する。	ワークシート、意思決定バランス記入用紙
5 自分自身の取り組むべき課題をワークシートに記入し、1週間取り組む目標を考えて、セルフモニタリング・シート①に書き、グループでアドバイスし合う。	・問題解決のプロセスを活用する。 ・自分自身の生活を振り返って課題を考え、取り組むべき目標を決めて、決意を高める。 ・上手な目標の立て方（具体的で適切な目標レベル）を紹介し、自己効力感を引き出す。 ・シートの書き方を説明する。 ・グループ内で公表し、互いにアドバイスや励ましを与え合う。 ・1週間努力するように励まし、1週間後に実践の状況を発表してもらうことを伝える。	ワークシート、セルフモニタリング・シート①
6 授業でわかったことをまとめる。	・セルフモニタリング・シート①に1週間取り組む。	
《事後の活動》		セルフモニタリング・シート①

ワークシート・掲示資料（CD-ROM収録）

（CD-ROMの「11_seikatsu_t」フォルダに入っています。＜＞はファイル名です）

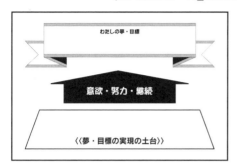

掲示資料（夢・目標の実現の土台）
<1_shiryou.pdf(docx)>

調査資料（心と体の調子調べ）
<2_tyousa1.pdf(docx)>

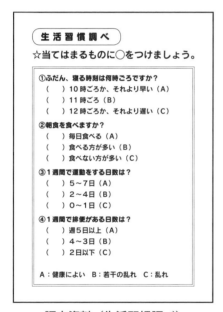

調査資料（生活習慣調べ）
<3_tyousa2.pdf(docx)>

ワークシート（1時間目用）
<4_worksheet.pdf(docx)>

←意思決定バランス記入用紙
<5_balance.pdf(docx)>

※「セルフモニタリング・シート」は、
171ページに掲載されています。

学習活動「行動を上手に変えるための工夫」の流れ

学習活動	指導上の留意点・生徒の反応・資料
1 前回の授業内容を振り返り、取り組みの感想を発表する。 とてもがんばりましたね。実践を振り返って、どんな感想を持ちましたか。	授業に先立ち、セルフモニタリング・シート①を集め、確認しておき、目標達成できた生徒には称賛を与え、できなかった生徒も次回に向けてがんばるように励まし、意欲の向上を図る。 ・30分早く寝ただけで、気分よく過ごせました。 ・がんばればできるものだと思いました。 ・思ったより大変でした。 アプローチ3［ステージ］（18ページ） 「行動期」を想定し、行動の継続に重点を置きます。
2 1週間の行動実践の工夫と問題点について紹介し合う。 ・工夫した点について 目標を達成するために工夫したことをワークシートに書き出しましょう。	生活習慣を改善するには、問題の解決、環境を整える、行動を調整するなど、様々な工夫が必要であることに気づかせる。 ☆目標達成のために工夫した点を、セルフモニタリング・シート①（171ページ）に記入し、グループで共有する。 ・夕食後の時間の使い方を工夫した。 ・寝る時間にはテレビを消して、静かにしてもらった。 ・寝る前に読書をしたら寝つきがよかった。 ・夜は、スマートフォンを親に預けた。 ・朝食が食べられるよう、早く起きた。 行動を変えるには、「環境の整備」「関連する行動の調整」「問題の解決」など、いろいろな工夫が大切ですね。 アプローチ9［環境と刺激］（42ページ） 目標達成には、周囲の環境や刺激を調整する必要があることに気づかせます。
・問題点や困難だった点について 問題点や困難だったことを書きましょう。	☆目標達成のために問題点や困難だった点を、セルフモニタリング・シート①（171ページ）に記入する。

学習活動	指導上の留意点・生徒の反応・資料
問題点や困難だったことを「風船のシート」の「おもり」に書き出して、みんなで考えてみましょう。	「おもり」を問題点に見立て、「気球を飛ばす」にはおもりを減らすこと「(問題解決)」が必要であることに気づかせる。 風船には、前時にみんなが書いた「意思決定バランス用紙」の「睡眠や朝食が適切な場合」に書いたことが入ります。 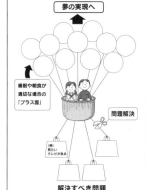 ・切り離せそうなおもりがありそう。 ・おもりを切り離すことが大切だ。 アプローチ8［問題解決］（40 ページ） 集団思考で問題解決に取り組みます。
3 グループで、上手な問題解決の方法を体験する。 ・グループごとに睡眠、朝食に関する問題の解決法を考える。	ワークシート②の「問題解決の練習」をもとに、問題を解決へと導くことで、自信を引き出す。 （テーマ）の解決法を考えさせる。 1）各グループに睡眠、朝食に関する問題解決のテーマを与える（よくある問題とする）。
みんなでワークシート②をもとに、問題解決の練習をしてみましょう。	例：次の問題を解決し、早く就寝できるようにしましょう。 「夜、友達からスマートフォンに連絡が入り、その返事を書いていると寝る時刻が遅くなってしまう」 2）ブレインストーミングによって、解決方法をできるだけたくさん考え、用紙に記入する。 ※ブレインストーミングの約束（70 ページ）を参考。 3）効果のありそうな問題解決の方法を選択する。 4）問題解決が良好に進まなかった場合を想定し、第二の方法も考える。
・グループごとに発表し、ほかの生徒から意見や助言を受ける。	☆ほかの人から助言を受けることも重要であることを認識させる。
自分のグループで話し合ったことを発表しましょう。	

学習活動	指導上の留意点・生徒の反応・資料
4「セルフトーク」の活用の仕方を知り、体験する。 行動変容をするために使えるコツを紹介します。	意欲を高める方法として「セルフトーク」の活用を紹介する。 ☆「セルフトーク」の意義について紹介し、体験してみる。 ※資料（セルフトーク）を参考にする。 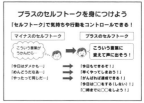 資料（セルフトーク） （CD-ROM 収録） アプローチ9［環境と刺激］（42ページ） セルフトークでプラスの刺激をつくり出します。
5 新たな実践に向けた目標設定と、そのための工夫を考える。 セルフモニタリング・シート②に新しい目標を書き、目標を達成するための工夫を考えましょう。	新たな実践に向けて目標を立て、意欲を高め、具体的な問題解決の見通しを持たせる。 ☆セルフモニタリング・シート②に新しい目標を書き、目標を達成するための工夫を考え、再度1週間の実践を試みる。 ☆目標内容と目標レベルが適切になるように促す。
6 授業でわかったことをまとめる。	☆生活習慣の改善の努力が、夢・目標の実現の土台（健康）につながっていることを再度確認する。 「目標設定」「問題解決」「社会的サポート」「セルフトーク」などを、生活習慣の改善だけではなく、様々な分野で活用していきましょう。
※事後の活動 ・セルフモニタリング・シート②に1週間取り組む。	☆新たな目標に向けて、1週間の実践を試みる。

指 導 案

（1）本時のねらい

○生活習慣（睡眠、朝食など）の状況について、自分自身の実践状況を振り返り、自己の課題を見出し、解決に向けて取り組むことができる。

＜思考・判断・表現＞

○生活習慣（睡眠、朝食など）の改善の取り組みをもとに、粘り強く継続することができる。
＜関心・意欲・態度＞

（2）準備

・セルフモニタリング・シート①を集め、1週目の実践状況を確認しておく

（3）展開

学習活動	指導上の留意点	資料
1 セルフモニタリング・シートを返却し、前回の授業内容について振り返る。	・目標達成できた生徒には称賛を与え、できなかった生徒も次回に向けてがんばるように励まし、意欲の向上を図る。 ・取り組みをした感想について生徒に話してもらう。	セルフモニタリング・シート①
2 1週間の行動実践の工夫と問題点について紹介し合う。 ・工夫した点について 目標を達成するために工夫したことを書き出しましょう。	・生活習慣を改善するには、問題の解決、環境を整える、行動を調整するなど、様々な工夫が必要であることに気づかせる。 ・取り組みの中で目標達成のために工夫した点についてグループで書き出し、黒板に貼る。	ワークシート①
・問題点や困難だった点について 問題点や困難だったことを書きましょう。	・目標達成に対し、問題点や困難だった点をグループで書き出す。 ・意思決定バランスとして示し、目標行動を達成して有益な結果（健康、夢の実現）を得るには、「問題解決」が必要であることに気づかせる。	ワークシート① 「風船」のシート

	・うまく実践できなかったときの状況を分析すると、問題解決のポイントやヒントが得られることを伝える。	
3 グループで、問題解決の方法を体験する。	・「問題解決の練習」の成功体験によって、問題解決する自己効力感を引き出す。	ワークシート②
みんなで問題解決の練習をしてみましょう。	1) 各グループに睡眠、朝食に関する問題解決のテーマを与える。	
・グループごとに全体で発表し、ほかの生徒から意見や助言を受ける。	2) ブレインストーミングによって、解決方法をできるだけたくさん考え、用紙に記入する。	
	3) 効果のありそうな方法を選択する。	
	4) 初回の取り組みでは問題解決が良好に進めなかったと想定し、別の方法も考える。	
4 行動変容を促す方法として「セルフトーク」の活用の仕方を知り、体験する。	・「セルフトーク」の意義について紹介し、声に出して体験してみる。	資料（セルフトーク）
行動変容をするために使えるコツを紹介します。	・自分に合った工夫をしながら、決意を新たに再度1週間の実践を試みる。	
	・目標内容と目標レベルが適切になるように促す。	
5 新たな実践に向けた目標設定と、そのための工夫を考える。	・本時の学習をもとに工夫を考えるように促す。	セルフモニタリング・シート②
セルフモニタリング・シート②に新しい目標を書き、目標を達成するための工夫を考えましょう。	・新たなる実践に向けて目標を立て、意欲を高め、具体的な問題解決の見通しを持たせる。	

6 授業でわかったことを まとめる。	・生活習慣の改善の努力が、夢・目標の実現の土台（健康）につながっていることを再度確認する。 ・「目標設定」「問題解決」「セルフトーク」など授業で紹介した取り組みは、生活習慣の改善だけではなく、様々な分野で活用できることを伝える。	
《事後の活動》	・セルフモニタリング・シート②を1週間取り組む。	セルフモニタリング・シート②

ワークシート・掲示資料（CD－ROM収録）

（CD-ROM の「11_seikatsu_t」フォルダに入っています。＜＞はファイル名です）

「睡眠と朝食」セルフモニタリング・シート①

年 組 名前

夢を実現するための生活目標 －心と体の元気アップのために－

○十分な睡眠や早寝早起きのための目標
具体的な目標で「がんばればできる」レベルに設定する（就寝・起床時刻、やるべきことなど）。
やむを得ない事情（塾など）で達成が困難な曜日は、目標時刻を変えてもよい。

○朝食の目標「毎朝食べる」
いつも食べている人は、朝食の内容を考えましょう（野菜を食べる、乳製品を食べるなど）。

○毎日、達成状況を自己評価しましょう。

自己評価のやり方…目標通りにできた日は「○」、できなかった日は「×」または時刻を書く

睡眠習慣の目標
就寝・起床時刻 十分な睡眠に向けて
行うべきことなど

目標

朝食の目標
毎朝食べること、内容など

目標

○毎日の元気レベルをチェックしましょう。
元気レベル…大変よい（5点）よい（4点）ふつう（3点）悪い（2点）大変悪い（1点）

体の元気レベル	点 点 点 点 点 点 点
心の元気レベル	点 点 点 点 点 点 点

目標達成のために工夫したこと	難しかったこと

「睡眠と朝食」セルフモニタリング・シート②

年 組 名前

夢を実現するための生活目標 －心と体の元気アップのために－

自己評価のやり方…目標通りにできた日は「○」、できなかった日は「×」または時刻を書く

睡眠習慣の目標
就寝・起床時刻 十分な睡眠に向けて
行うべきことなど

目標

朝食の目標
毎朝食べること、内容など

目標

○目標達成するために工夫することを書きましょう。

○毎日の元気レベルをチェックしましょう。
元気レベル…大変よい（5点）よい（4点）ふつう（3点）悪い（2点）大変悪い（1点）

体の元気レベル	点 点 点 点 点 点 点
心の元気レベル	点 点 点 点 点 点 点

目標達成のために工夫したこと	難しかったこと

セルフモニタリング・シート①（1時間目用）
<6_self1.pdf(docx)>

セルフモニタリング・シート②（2時間目用）
<7_self2.pdf(docx)>

ワークシート・掲示資料（ＣＤ－ＲＯＭ収録）

（CD-ROM の「11_seikatsu_t」フォルダに入っています。＜＞はファイル名です）

ワークシート①（２時間目用）
<8_worksheet1.pdf(docx)>

学級活動

生活習慣を変える工夫

年　組　名前

1 睡眠と朝食の取り組みで目標達成のために工夫したことを書きましょう。

2 問題点や困難だったことを書きましょう。

3 上手な問題解決の方法（問題解決のステップ）

① 「気づきのステップ」：自分の問題に気づく

② 「目標のステップ」：よい結果になるように目標を定める

③ 「方法のステップ」：問題解決の方法・手段を考える

④ 「実行のステップ」：効果がありそうな方法を選んで実行する

⑤ 「評価のステップ」：問題解決がうまくいったかどうかを評価する

※ 「方法のステップ」で、解決方法をたくさん考えるのがコツです。

4 生活習慣を改善するときの工夫について、わかったことを書きましょう。

ワークシート②（２時間目用）
<9_worksheet2.pdf(docx)>

グループで問題解決の練習をしましょう

○気づきのステップ、目標のステップ

【例題】「夜、友だちからスマートフォンに連絡が入り、その返事を書いていると寝る時刻が遅くなってしまう」など

○方法のステップ
グループでブレインストーミングを行い、問題解決の方法をたくさん考えましょう。

○実行のステップ　効果がありそうな方法を選びましょう（実行したと想定）。

○評価のステップ　1回目は問題解決が成功しなかったと想定し、別の方法を考えましょう。

目標の時間に眠れるようになった（問題解決が成功）！

資料（セルフトーク）
<10_shiryou.pdf(docx)>

プラスのセルフトークを身につけよう

「セルフトーク」で気持ちや行動をコントロールできる！

マイナスのセルフトーク	プラスのセルフトーク

こういう言葉がうかんだら…　➡　こういう言葉に変えて声に出そう！

「今日はダメかも…」	➡	「今日もできるぞ！」
「めんどうだなあ…」	➡	「早くやってしまおう！」
「やったって同じだ…」	➡	「がんばれば達成できる！」
		「今日は○○をする（しない）！」
		「○時までに○○をしよう！」

「風船」のシート
<11_fusen.pdf(docx)>

夢の実現へ

睡眠や朝食が適切な場合の「プラス面」

問題解決

（例）見たいテレビがある

解決すべき問題

新学習指導要領
（平成 29 年告示）
について

ここからは、新学習指導要領（平成 29 年度告示）について、Ｑ＆Ａ形式で解説します。

Q.1　学習指導要領とはどのようなものですか？

A.

　わが国の子どもたちが、全国のどの学校にいても一定水準の教育を受けることができるよう、教育の機会均等を保障するために国が定めている教育課程の基準が「学習指導要領」です。学習指導要領は、社会の変化に対応して、およそ10年ごとに改訂されています。学校の授業で使う教科書や、それぞれの学校の教育課程は学習指導要領に基づいてつくられます。

　平成29年3月に小学校及び中学校学習指導要領が改訂※され、平成30年3月に高等学校学習指導要領が改訂※され、小学校では令和2年度から、中学校では令和3年度から、高等学校では令和4年度から全面実施となります。

※　本書における「新学習指導要領」とは、平成29年改訂の小学校及び中学校学習指導要領、平成30年改訂の高等学校学習指導要領のことを指します。

Q.2　学習指導要領の考え方について教えてください。

A.

　新学習指導要領では、今後、社会が変化し予測困難な時代になっても、自ら課題を見つけ、自ら学び、自ら考え、判断して行動できる子どもたちを育成するという考えに立っています。そして、学習指導要領の考え方を社会全体で共有し、社会と連携・協働しながら子どもたちの資質・能力を育む「社会に開かれた教育課程」の実現を目指しています。下の図1をご覧ください。新学習指導要領は、**「何ができるようになるか」**、**「何を学ぶか」**、**「どのように学ぶか」** から構成されています。いずれも子どもの立場からの表現になっているのが特徴的です。

図1　学習指導要領改訂の考え方（文部科学省ホームページより）

「何ができるようになるか」では、新しい時代に必要となる資質・能力を明らかにしています。資質・能力を下記の3つの柱に整理しているところが大きな特徴です。

> **資質・能力の3つの柱**
> ・生きて働く「知識及び技能」
> ・未知の状況にも対応できる「思考力、判断力、表現力等」
> ・学んだことを人生や社会に生かそうとする「学びに向かう力、人間性等」

「何を学ぶか」の視点では、育成を目指す資質・能力の3つの柱を踏まえ、各教科などの見直しが図られ、目標や内容が資質・能力の3つの柱に沿って示されました。保健の学習が含まれる体育科や保健体育科においても、目標や内容が同様の枠組みで整理されています（詳細はQ.3で解説しています）。

「どのように学ぶか」については、従来は学習指導要領には主に学習内容が示されてきましたが、新学習指導要領では学び方についても示されたことが大きな特徴です。「主体的・対話的で深い学び」の視点から、質の高い理解を図るための学習過程の改善が求められています（詳細はQ.5で解説しています）。

　学習の効果の最大化を図るために、各学校で「カリキュラム・マネジメント」を行うことも示されています。カリキュラム・マネジメントとは、学習効果を最大化するために、教育内容や時間を適切に配分したり、必要な体制を確保したりすることです。健康に関する指導においても、体育科・保健体育科、特別活動、道徳科をはじめとする各教科や、総合的な学習（探求）の時間、個別の保健指導など、学校の教育活動全体を視野に入れ、教科等横断的な視点に立ったカリキュラム・マネジメントが期待されるでしょう。

Q.3　体育・保健体育の目標はどのようになりましたか？

A.

　新学習指導要領において大きな変更を実感させられるのは、各教科等の目標の示し方です。どの教科等も共通の示し方に整理されました。ここでは、小学校新学習指導要領の体育科の目標（次のページに掲載）を例に見てみましょう。

小学校体育科の目標

> 体育や保健の見方・考え方を働かせ，①課題を見付け，その解決に向けた学習過程を通して，②心と体を一体として捉え，生涯にわたって心身の健康を保持増進し豊かなスポーツライフを実現するための資質・能力を次のとおりに育成することを目指す。
>
> （1）その特性に応じた各種の運動の行い方及び③身近な生活における健康・安全について理解するとともに，基本的な動きや技能を身に付けるようにする。
>
> （2）運動や健康についての④自己の課題を見付け，その⑤解決に向けて思考し判断するとともに，他者に伝える力を養う。
>
> （3）⑥運動に親しむとともに健康の保持増進と体力の向上を目指し，楽しく明るい生活を営む態度を養う。
>
> （下線部は筆者による）

　まず、「○○の見方・考え方を働かせ……の資質・能力を次のとおりに育成することを目指す。」がリード文です。続いて（1）、（2）、（3）とありますが、それぞれ、資質・能力の3つの柱である「知識及び技能」、「思考力、判断力、表現力等」、「学びに向かう力、人間性等」の目標に当たります。

　小学校体育科の目標では、リード文にあるように「課題を見付け，その解決に向けた学習過程」を強調しています（下線部①）。そして、「心と体を一体として捉え，生涯にわたって心身の健康を保持増進し豊かなスポーツライフを実現」するための資質・能力を育成することを目指します（下線部②）。中学校、高等学校とも、保健体育科の目標には同様の視点が示されています。

（1）の知識及び技能の目標では、小学校では「身近な生活」（下線部③）における健康安全の理解と基本的な技能を身につけることとなっています。中学校保健体育科の目標では、下線部③は「個人生活」に、高等学校保健体育科の目標では「社会生活」となっており、学校段階によって広がりがみられます。

（2）の思考力、判断力、表現力等の目標では、小学校では「自己の課題」（下線部④）を見つけ、その「解決」（下線部⑤）に向けて思考、判断、表現する力を養うこととなっています。中学校では、下線部④の部分が「自他の課題」に、高等学校では「自他や社会の課題」へと課題の範囲が広がっていきます。下線部⑤も中学校では「合理的な解決」、高等学校では「合理的，計画的な解決」へと学校段階が上がるにつれて課題解決のレベルも高くなっていきます。

（3）の学びに向かう力、人間性等の目標は、小学校では「健康の保持増進と体力の向上を目指し、楽しく明るい生活を営む態度」を養うことであり、中学校では「生涯にわたって」、高等学校では「継続して」が加わり、より継続性を重視した目標になっています。

A.

　新学習指導要領では学習内容は下記のような示し方になっています。ここでは小学校学習指導要領の保健領域「病気の予防」の内容を例に挙げますが、中学校の保健分野や高等学校の科目保健でも同様の示し方になっています。

例：（3）病気の予防　※小学校学習指導要領解説（体育編）155～160ページ

（3）病気の予防について，課題を見付け，その解決を目指した活動を通して，次の
　　事項を身に付けることができるように指導する。
　ア　病気の予防について理解すること。
　　（ア）病気は，病原体，体の抵抗力，生活行動，環境が関わりあって起こること。
　　（イ）病原体が主な要因となって起こる病気の予防には，病原体が体に入るのを防ぐ
　　　　ことや病原体に対する体の抵抗力を高めることが必要であること。
　　（ウ）生活習慣病など生活行動が主な要因となって起こる病気の予防には，適切な運
　　　　動，栄養の偏りのない食事をとること，口腔の衛生を保つことなど，望ましい
　　　　生活習慣を身に付ける必要があること。
　　（エ）喫煙，飲酒，薬物乱用などの行為は，健康を損なう原因となること。
　　（オ）地域では，保健に関わる様々な活動が行われていること。
　イ　病気を予防するために，課題を見付け，その解決に向けて思考し判断するととも
　　に，それらを実現すること。
　　　　　　　　　　　　　　　　　　　　　　　　　　　　　　　　（下線部は筆者による）

　まずリード文（例では1～2行目）があり、「ア」、「イ」（下線部）と続きます。アには「知識及び技能（または知識）」に関する内容が、イには「思考力、判断力、表現力等」に関する内容が示されています。「思考力、判断力、表現力等」が内容として明示されたのは新学習指導要領で大きく変わったポイントです。なお、資質・能力の3つの柱のひとつである「学びに向かう力、人間性等」については、前のページに述べた目標の中でまとめて示すという形をとっています。このように、どのような枠組みで書かれているのかを把握しながら学習指導要領を読むことが大切です。

　次に、小学校から高等学校の保健の内容がどのように変わったのか、主な変更点について具体的に見ていきましょう。

○ 課題発見と課題解決を目指す学習活動を重視している。

　小学校、中学校、高等学校のどの単元においても、課題発見とその解決が内容のリード文に述べられています。また、それらが思考力、判断力、表現力等の学習内容の中心に据えられています。単に知識を習得するにとどまらず、社会の変化に伴う新たな健康課題に対応できる力を育むことの重要性が強調されています。

○ 保健に「技能」が追加された。

　従来は、知識・理解が保健の学習の中心でしたが、知識及び技能を育成することに

変わりました。これは各教科等に共通の点です。保健で「技能」として扱われるのは、小学校では、単元「心の健康」の「（ウ）不安や悩みなどへの対処」に深呼吸を取り入れた呼吸法などが「技能」として加わりました。また、単元「けがの防止」の「（イ）けがの手当」が「技能」としても扱われるようになりました。

中学校では、「心身の機能の発達と心の健康」の「（エ）欲求やストレスへの対処と心の健康」に「リラクセーションの方法等を取り上げ，ストレスによる心身の負担を軽くするような対処の方法」が「技能」として加わりました。また、単元「傷害の防止」の「（エ）応急手当の意義と実際」が「技能」としても扱われるようになりました。高等学校では、「安全な社会生活」の「（イ）応急手当」が「技能」としても扱われるようになりました。

保健で技能として扱われるのは以上の内容のみであり、ほかの内容は「知識」として学ぶことになります。なお、技能として扱われる内容も、知識があっての技能になることはおさえておきましょう。

○ 中学校の単元の学年配当が変わった。

従来第3学年で扱われてきた「健康な生活と疾病の予防」が、第1学年で「（ア）健康の成り立ちと疾病の発生要因」と「（イ）生活習慣と健康」を、第2学年で「（ウ）生活習慣病などの予防」と「（エ）喫煙，飲酒，薬物乱用と健康」を、第3学年で「（オ）㋐感染症の予防」と「（オ）㋑エイズ及び性感染症の予防」と分けて扱うことになりました。疾病について3年間を通じて学べますが、各学年で既習内容をしっかり振り返りながら学習することが大切になるでしょう。

また、従来第2学年で扱われてきた「健康と環境」を第3学年で扱うことになりました。

○ 中学校と高等学校に、新たに「がん」の内容が加わった。

中学校では、「健康な生活と疾病の予防」の「（ウ）生活習慣病などの予防」にがんの予防に関する内容が追加されました。がんとはどのような病気か、その要因、予防、早期発見、回復などが含まれます。

高等学校では、「現代社会と健康」の「（ウ）生活習慣病などの予防と回復」で、がんの種類、原因、治療法、緩和ケア、検診の普及などを教えることになりました。

○ けがや疾病からの「回復」についても取り扱う。

従来、保健ではけがや病気などの健康問題が発生しないようにすること、つまり一次予防が中心でしたが、新学習指導要領では、さらにけがや病気からの「回復」について取り扱うことが明示されました。すなわち、一次予防のみではなく、早期発見、早期治療に当たる二次予防、健康問題からの回復にあたる三次予防も視野に入れた授業づくりが求められます。

○ 運動の大切さが重視されている。

これまで以上に、保健の観点から運動の大切さが重視され、運動の記述が充実して

います。例えば、小学校学習指導要領解説（体育編）には、「体の発育・発達」の単元で、運動により生涯を通じて骨や筋を丈夫にする効果が期待されることなど、充実した記述になっています。体育と保健の相互の関連を図ることを改めて強調しています。

○ 高等学校では、科目保健が４単元で構成された。

　従来、「現代社会と健康」、「生涯を通じる健康」、「社会生活と健康」の３単元で構成されていた高校の科目保健が、内容の移動や組み替え、新規の内容の追加によって、新たに４単元の構成になりました。つまり、「（１）現代社会と健康」、「（２）安全な社会生活」、「（３）生涯を通じる健康」、「（４）健康を支える環境づくり」の４単元です。

　従来の内容に対して大きく変わったところは、「（１）現代社会と健康」の内容です。従来は「精神の健康」として、欲求と適応機制、ストレスへの対処、自己実現などが扱われてきましたが、新規の内容として「（オ）精神疾患の予防と回復」に変わりました。新たに、うつ病、統合失調症、依存症などの精神疾患の特徴や対処（予防、早期発見、社会環境の整備など）などを学ぶことになりました。

　従来の内容はどこで学ぶかというと、中学校第１学年の「心身の機能の発達と心の健康」でしっかり学ぶことになります。このように、高等学校の学習内容の改訂によって、中学校での学習の重要性が一層増すことになると思われます。

Q.5　「主体的・対話的で深い学び」とはどのようなものですか？

A.

　図２をご覧ください。「主体的・対話的で深い学び」によって、資質・能力の３つの柱が育成されていく様子を表しています。

図２　主体的・対話的で深い学びについて（文部科学省ホームページより）

図2をもとに保健における「主体的・対話的で深い学び」を考えてみると、「主体的な学び」とは、健康の大切さに気づき、興味・関心を持って課題に粘り強く取り組み、学習を振り返って新たな課題に向かっていくような学びと考えられます。「対話的な学び」とは、課題の解決に向けて、児童生徒が様々な人々（書籍などを含む）と対話し、自分の考えを広げたり、深めたりしていくような学びと捉えることができます。「深い学び」とは、主体的・対話的な学びの過程を通して、様々な知識を相互に関連づけ、健康についての課題をより深く理解したり、課題を見つけ試行錯誤を重ねながら、考えを深めてよりよく解決したりするような学びと捉えることができます。深い学びを実現するには、各教科などの特性に応じた「見方・考え方」を意識することが重要であるとされています。

Q.6 「学習指導要領解説」はどのように活用すればよいのでしょうか？

A.

　学習指導要領には教育課程の基準として大綱的な事項が示されています。一方、「学習指導要領解説」（以下、「解説」）には、学習指導要領に書かれていることの意味や、より具体的な内容などが詳細に解説されています。「解説」は"授業づくりのバイブル"といえます。

「保健」の「解説」※の内容を読み解くにはコツがあります。保健の内容は、小・中・高とも「ア 知識及び技能（または，知識）」と「イ 思考力，判断力，表現力等」に分けて述べられていますが、「ア 知識及び技能」については文章の語尾に着目するのがコツです。語尾が「〜理解できるようにする」となっている部分が、知識の主たる学習内容に当たる部分です。「〜できるようにする」は技能の学習内容に当たります。十分に時間をかけ、多様な学習活動を工夫し、児童生徒にしっかり理解させ、習得させたい内容です。

「〜触れるようにする」は授業で触れる内容ですが、あくまで主たる学習内容を中心としながら関連づけて触れる部分です。触れ方もしっかり触れる場合もあれば、教科書を参照したり、先生から伝えたりなど、多様な触れ方があるでしょう。「〜取り扱う」、「〜取り上げる」は、学習で取り上げる具体的な事項や題材が示されています。

「イ 思考力，判断力，表現力等」では、具体的な学習活動が「例示」されていることが大きな特徴です。課題の発見、解決、表現の各段階における例が示されています。授業にどのように取り入れるかの例示であり、授業づくりの参考になるでしょう。

※小学校では学習指導要領「体育編」、中学校では「保健体育編」、高等学校では「保健体育編 体育編」

おわりに

　先日、小学5年生と「心の健康」（体育科保健領域）を学習しました。不規則な生活を続けると心も不調になりやすいことや、心の不調が続くと体も不調になること、心の不調は誰にでも起こり、思春期に起こりやすいことなどを学習すると、子どもたちからは「ぼくも夜型の生活をしているので心配」「友達の悩みを聞いてあげたい」など、題材を自分事と捉えている発言が聞かれました。また、授業の最後に腹式呼吸を行うと、真剣に取り組み、心や体がリラックスすることを実感していました。授業後のノートには「体がすっと楽になった。呼吸しやすくなった」「気持ちがリラックスしたり、落ち着いたりした」「疲れたときやテスト前にやってみたい」などの感想が書かれていました。子どもたちが「授業で得た知識や技能を活用して、自分の緊張やストレスを軽減したり、リラックスしたりできる」と感じることは、自己効力感を高め、主体的に健康的な生活行動を実践しようとすることにつながるでしょう。

　「行動科学の考え方」に出会い、戸部先生から「保健の授業づくりに生かせるのでは」という示唆をいただいて以来、様々な実践を続けてきました。生活行動の問題は、子どもたちにとってあまりにも日常的な問題であるため、「興味・関心を高める」「重要性を高める」など、題材を自分事として捉えさせる工夫が必要です。「行動科学の考え方」には、そのためのヒントがあふれています。また「行動科学の考え方」を生かした授業は、子どもたちの思考に沿ってスムーズに展開し、行動変容の意思決定につなげることができると感じました。また、行動変容のための方法がわかり、取り組む自信が生まれた子どもたちの明るく生き生きとした表情に出会うことができました。

　今回の改訂では、前半の「行動変容を引き出すアプローチ」は、さらに内容をパワーアップし、子どもたちの行動を変容させるための様々な働きかけを、「行動科学の考え方」の裏づけとともにわかりやすく示してあります。これらは保健の授業だけではなく、日常の保健指導や健康相談にも応用することができます。また「実践編」は、実践例を一部リニューアルし、養護教諭が日常的に児童生徒と接する中で把握しやすい、睡眠や食習慣、けがなどの健康課題を取り上げ、「行動科学の考え方」を活用して、どうやって子どもに自分事と捉えさせるか、どう学ばせるか、そしてどう活用できるようにするかを工夫しています。

　本書が、子どもたちの健やかな未来を支援するために、保健教育に取り組む先生方のお役に立つことを願っています。

　おわりに、執筆に当たりお骨折りいただいた少年写真新聞社の皆様、特に豊島様に、深く感謝いたします。

齋藤　久美

索 引

【著者紹介】

戸部　秀之（とべ　ひでゆき）

1995　　東京大学大学院教育学研究科博士課程修了
1995〜1999 大阪教育大学教育学部　助手
1999〜2006 埼玉大学教育学部　助教授
2006〜　埼玉大学教育学部　教授　現在に至る
専門分野：健康教育学、学校保健学

齋藤　久美（さいとう　くみ）

国立大学法人筑波大学附属小学校養護教諭
埼玉大学大学院教育学研究科（学校保健学専修）
埼玉県鴻巣市、旧大宮市、さいたま市の公立小学校で
養護教諭として勤務した後、2008年より現職。

児童・生徒の心に響く！ 行動科学を生かした保健の授業づくり 改訂版

2020年3月1日　初版第1刷　発行
　　　著　　　者　戸部 秀之・齋藤 久美
　　　発 行 人　松本 恒
　　　発 行 所　株式会社　少年写真新聞社
　　　　　　　　〒102-8232　東京都千代田区九段南4-7-16 市ヶ谷KTビルⅠ
　　　　　　　　TEL 03-3264-2624　FAX 03-5276-7785
　　　　　　　　URL https://www.schoolpress.co.jp/
　　　印 刷 所　図書印刷株式会社
　　　　　　　　ⒸHideyuki Tobe, Kumi Saito 2020 Printed in Japan
　　　　　　　　ISBN 978-4-87981-699-3 C0037
　　　　　　　　NDC 375

スタッフ　編集：豊島 大蔵　DTP：金子 恵美　校正：石井 理抄子　イラスト：青山 ゆういち・中村 光宏／編集長：野本 雅央

本書を無断で複写・複製・転載・デジタルデータ化することを禁じます。
落丁・乱丁本は、お取り替えいたします。定価はカバーに表示してあります。